D1753309

100 Jahre
Herz-Jesu-Kirche
Laufen

HERAUSGEBER.CH
KULTURBUCHVERLAG

Originalausgabe 2014
Herausgeberin: Pfarrei Laufen
Druck: Binkert Buag AG

Erschienen im Kulturbuchverlag Herausgeber.ch

© Rechte und Pflichten an den Bildern und Texten liegen bei den jeweiligen Autorinnen und Autoren und dem Fotografen.

ISBN 978-3-905939-27-9

4	Vorwort Dr. Bernhard Binkert, Festschriftteam	54	Unsere Kirche ist kreativ Bettina Tschanz-Durandi
8	Gedanken zum 100-Jahr-Jubiläum Stefan Froidevaux, Kirchgemeinderatspräsident	60	Historische Momente auf einer Zeitreise Linard Candreia
12	Grusswort von Bischof Felix Gmür	74	Die vielen Gesichter unserer Pfarrei Thomas Immoos
14	Grusswort von Alexander Imhof, Stadtpräsident von Laufen	88	Pfarrei, Seelsorge, Kirchgemeinde – eine Ahnengalerie Reinhold Schumacher
16	Herz der Volksfrömmigkeit Dr. Urs Jecker	94	Kirche muss mehr auf die Menschen zugehen Christof Klingenbeck
26	Unsere Kirche in den Augen der Kinder Aufsätze und Zeichnungen aus dem Religionsunterricht	98	Im Zeichen des Kirchenjahres Christof Klingenbeck
36	Die schwierige Bauvorbereitung von 1871 bis 1913 Giuseppe Gerster	130	Stimmen zur Herz-Jesu-Kirche Daniel Gaberell
44	Innenrenovationen zum 100-Jahr-Jubiläum Paul Aeschi	142	Autoren, Fotografin, Fotograf
		143	Unterstützende, Bildnachweise

Vorwort

Dem Kirchenrat ist es ein wichtiges Anliegen, zum 100-jährigen Jubiläum eine Festschrift in Form eines Buches herauszugeben. Im Zeitalter der elektronischen Medien könnten wir, um «in» zu sein, auch eine CD herausgeben, einen Internet-Link zu einer Dropbox oder einer sonstigen Datenwolkenadresse festlegen, wo dann der Inhalt zu finden wäre. Doch haben wir in einigen Jahren diesen Zugang noch? Wer hat sich diesen elektronischen Weg noch gespeichert? Wer mag sich noch erinnern, dass da Historisches, Illustratives und Lesenswertes archiviert ist? Allenfalls gelingt der Zugang noch über die Webpage der Kirchgemeinde. Das Buch als Archivierungsmedium ist sowohl alt und bewährt als auch modern. Als einziges Medium braucht es keinen elektronischen Strom, um es zu öffnen und zu lesen. Es ist sitzend, stehend, liegend bei jedem Lichteinfall zu lesen, liegt gut in der Hand, lädt ein zum händischen Blättern und Verweilen. Zum Aufbewahren und gelegentlichen Nachschlagen reicht einfache Technologie: ein Bücherregal. Das Buch bleibt für jeden sichtbar, der da vorbeigeht, und animiert, es rauszunehmen und sich von interessanten Beiträgen faszinieren zu lassen.

Ziel dieses Buches ist ein geraffter Rückblick auf die 100-jährige Geschichte unserer Kirche und ein lebendiger Einblick in das heutige bunte und abwechslungsreiche Leben unserer Kirchgemeinde und Pfarrei.

Die textlichen, künstlerischen und aktuellen fotografischen Beiträge dieser Festschrift stammen hauptsächlich von folgenden Personen:

Dr. Urs Jecker, geboren und aufgewachsen in Laufen, mit der Herz-Jesu-Kirche von Kindheit an verbunden als Ministrant und Pfadfinder, hat eine umfangreiche Dissertation über Fronleichnam und die Volksfrömmigkeit am Beispiel Laufens geschrieben. Für diese Festschrift hat er eine ganz kurze Zusammenfassung verfasst.

Giuseppe Gerster hat als Architekt, Historiker und Denkmalpfleger, aber auch als Enkel von Josef Gerster Roth, einem der Hauptpromotoren und Sponsoren unserer Kirche, eine besondere Befähigung, die Hintergründe, das Kämpfen und Ringen für die neue Kirche zu erhellen.

Paul Aeschi ist Laufner und Inhaber einer Sanitär-, Heizungs- und Spenglerfirma. Als Kirchgemeinderat leitete er die Kirchenrenovation.

Bettina Tschanz-Durandi, seit vielen Jahren mit unserer Herz-Jesu-Kirche durch den Chor und als Kirchgemeinderätin aktiv verbunden, bringt ihre Impressionen mit eindrücklichen, künstlerischen Bildern zum Ausdruck. Diese Kunstwerke laden den Betrachter ein, innezuhalten und in Gedanken zu versinken.

Linard Candreia ist mit seiner Familie aus dem Bündnerland zugezogen. Neben seinem Beruf als Lehrer am Progymnasium engagiert er sich auch im Stadtrat und ist leidenschaftlicher Schriftsteller, der sich für die Geschichten und Hintergründe der Menschen und des menschlichen Handelns interessiert. Das Laufental wurde seine zweite Heimat, über die er gerne poetisch berichtet.

Christof Klingenbeck, unser Diakon und Gemeindeleiter, war vor seiner pastoralen Laufbahn Journalist und greift gerne in die Tasten, um Gedanken in Worte zu fassen. Das Aufzeigen der Lebendigkeit unserer Kirche heute ist ihm eine Herzensangelegenheit.

Thomas Immoos ist Laufner. Er ist im Hotel-Restaurant Lämmli gross geworden, in dem auch Josef Gerster-Roth aufgewachsen ist. Als Journalist und Redaktor verfasst er seit vielen Jahren Berichte über unser «Stedtli».

Reinhold Schumacher ist seit 1967 unser Finanzverwalter, das ist rekordverdächtig. Er ist unser wandelndes Gedächtnis. Bei ihm ist alles fein säuberlich aufgeschrieben und dokumentiert.

Daniel Gaberell ist ein kulturbegeisterter Herausgeber von Büchern. Er hat den Auftrag des Kirchgemeinderates gerne übernommen, die zahlreichen Beiträge rechtzeitig einzufordern, zu gestalten und zu einem Buch zusammenzufassen, das man gerne zur Hand nimmt und in dem man gerne verweilt.

Der Kirchgemeinderat dankt den Autoren für ihre wertvollen Beiträge. Ebenfalls dankt er Kurt Hamann und Margot Lehmann für die aktuellen Fotos, welche einen guten Eindruck von unserer Kirche im Verlauf des Kirchenjahres geben, freiwillige und amtliche Personen ins Bild rücken und einen Eindruck der Kirchenrenovation vermitteln.

Ein besonderer Dank gilt auch dem Museum Laufental und den im Anhang speziell aufgeführten Personen für die zur Verfügung gestellten Fotografien.

Im Namen des Festschriftteams

Dr. Bernhard Binkert
Vizepräsident des Kirchgemeinderates

193

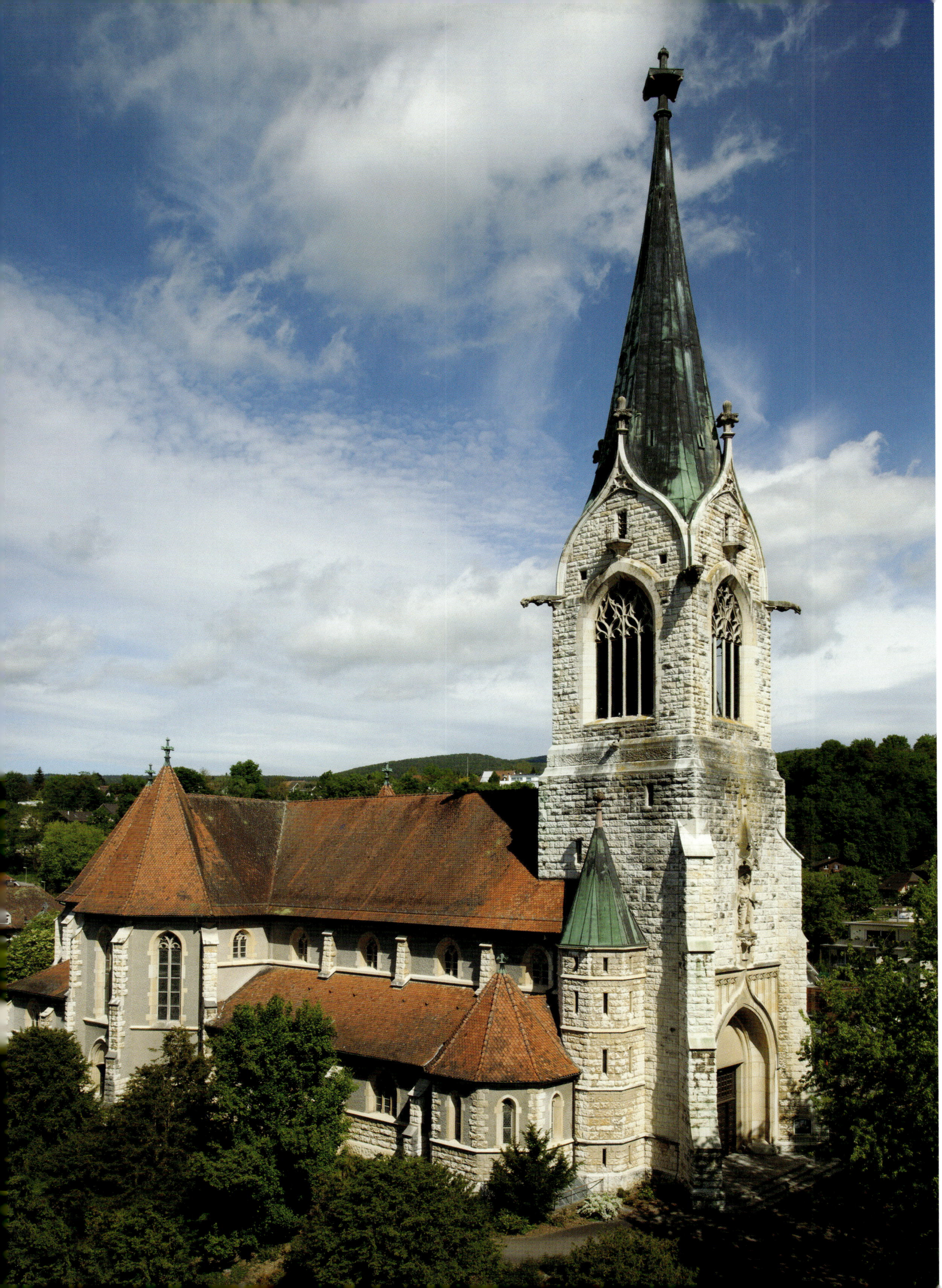

Ecclesia semper reformanda – Gedanken zum 100-Jahr-Jubiläum

Am 25. November 1914, vier Monate nach Ausbruch des Ersten Weltkriegs, ist in Laufen die Herz-Jesu-Kirche geweiht worden. Heute, hundert Jahre später, können wir das Jubiläum unserer Kirche feiern und dürfen damit auch ein wenig innehalten und zurückblicken.

Die *ecclesia semper reformanda*, die Kirche, die sich ständig erneuern muss – damit ist in erster Linie die Gemeinschaft der Gläubigen gemeint, das Volk Gottes, das sich auf seinem Weg befindet. Gleichwohl ist es nicht ganz falsch, dieses (ursprünglich protestantische und dann im Vaticanum II «katholisierte») Diktum auch auf unser Kirchengebäude anzuwenden. Denn umfassende Erneuerungen an den Gebäuden der Kirche sind (neben den laufenden Reparaturen und Ausbesserungen) auch immer Zeichen von tiefer gehenden Reformen in der Kirche selbst.

Nehmen wir als ein Beispiel die Akustik unserer Kirche. Die Innenrenovation von 2012 bis 2013 hat mit der Installation einer neuen Lautsprecheranlage endlich das Problem gelöst, dass man dem Gottesdienst nicht von jedem Platz aus gleich gut folgen konnte. Was heutzutage ein Problem ist, war zu vorvatikanischen Zeiten jedoch keines: So wenig wie die lateinische Liturgie zu jener Zeit auf das aktive Mitfeiern der Gläubigen ausgelegt war, so wenig war es auch das Kirchgebäude. Allein die Kanzel war für die Predigt dem Kirchenvolk zugewandt.

Ein anderes Beispiel der Kirchenrenovation: die Entfernung der Bänke in den Seitenreihen. Anstelle von (nicht mehr zu füllenden) Sitzplätzen ist dort nun ein Raum für Bewegung und für Begegnung entstanden. Die Gläubigen können dem Kreuzweg folgen oder den Raum einfach für Ruhe, Musse oder Andacht nutzen. Damit spiegelt sich in den baulichen Änderungen auch ein Wandel der religiösen Praxis in unserer Zeit wider.

Aus diesem Blickwinkel betrachtet, stehen diese baulichen Reformen in einer Entwicklungslinie mit der Erweiterung unserer Kirche in den Siebzigerjahren um eine Krypta, für die seinerzeit mein Vater als Kirchgemeinderatspräsident verantwortlich zeichnete. Diese Anpassungen und Erneuerungen (wie auch das neue Beleuchtungskonzept, die gründliche Bodenreinigung und die Revision unserer inzwischen über dreissig Jahre alten Orgel) sind damit auch Zeichen für die Lebendigkeit unserer Gemeinde: Wo Bewegung ist und Veränderung, dort ist auch Leben.

Diese Veränderungen, die Bewegung und das damit verbundene Leben wiederum – dieser kurze Ausblick sei mir gestattet – werden uns in den kommenden Jahren auch rund um unsere Kirche herum begleiten: Mit der Überbauung «Kirchgarten» steht ein Projekt auf der Traktandenliste, das unserer Kirche ein langfristig solides finanzielles Fundament sichern soll. Die nun seit bereits fünf Jahren verfolgte Überbauung, welche Laufen rund siebzig neue Wohneinheiten bieten wird, soll uns damit auch in Zukunft die Mittel zur Verfügung stellen, die wir benötigen, um weitere Erneuerungen in unserer Pfarrei umzusetzen. Das Pfarreiheim mit dem dort inzwischen aufgelaufenen Sanierungsbedarf zählt sicher zu den ersten Anwärtern für eine «Gesundung» und Erneuerung.

Kommen wir von den Gebäuden der Kirche zurück zu den Menschen, die in diesen Gebäuden wirken und werken: Was wäre unsere Kirche ohne das Leben, welches das Kirchenvolk mit den Gläubigen und den Hauptamtlichen und den zahlreichen engagierten Laien in sie hineinbringt? Wie still wäre es ohne die verschiedenen Gruppierungen, ohne die vielfältige musikalische Begleitung? Wie inhaltsleer wäre unser Kirchenjahr ohne die Arbeit unseres Gemeindeleiters und Diakons, unseres Pfarrers, der Pastoralassistenz, unserer Katechetinnen sowie aller anderen, die in unserer Gemeinde Dienst tun? – Die Dankbarkeit, mit der wir heute auf 100 Jahre Herz-Jesu-Kirche zurückblicken dürfen, ist damit nicht zu trennen von der Dankbarkeit für das Engagement aller Mitglieder in unserer Gemeinde.

So wie uns die Kirche von unserem eigenen Anfang bis zu unserem Ende trägt, so trägt sie – und so tragen auch wir als Mitglieder dieser Kirche – Alt und Jung unter ihrem Dach. Und indem die Kirche Alt und Jung in sich vereint, befindet auch sie sich in diesem Sinne in ständiger, andauernder Erneuerung. Für das anbrechende zweite Jahrhundert unserer Kirche wünsche ich uns daher, dass uns diese Lebendigkeit einer sich ständig erneuernden Gemeinschaft erhalten bleiben möge. Die verschiedenen Feierlichkeiten und Anlässe zum Kirchenjubiläum sowie der abschliessende Festgottesdienst im November werden sicher ein eindrückliches Abbild dieser Lebendigkeit sein.

Stefan Froidevaux
Kirchgemeinderatspräsident

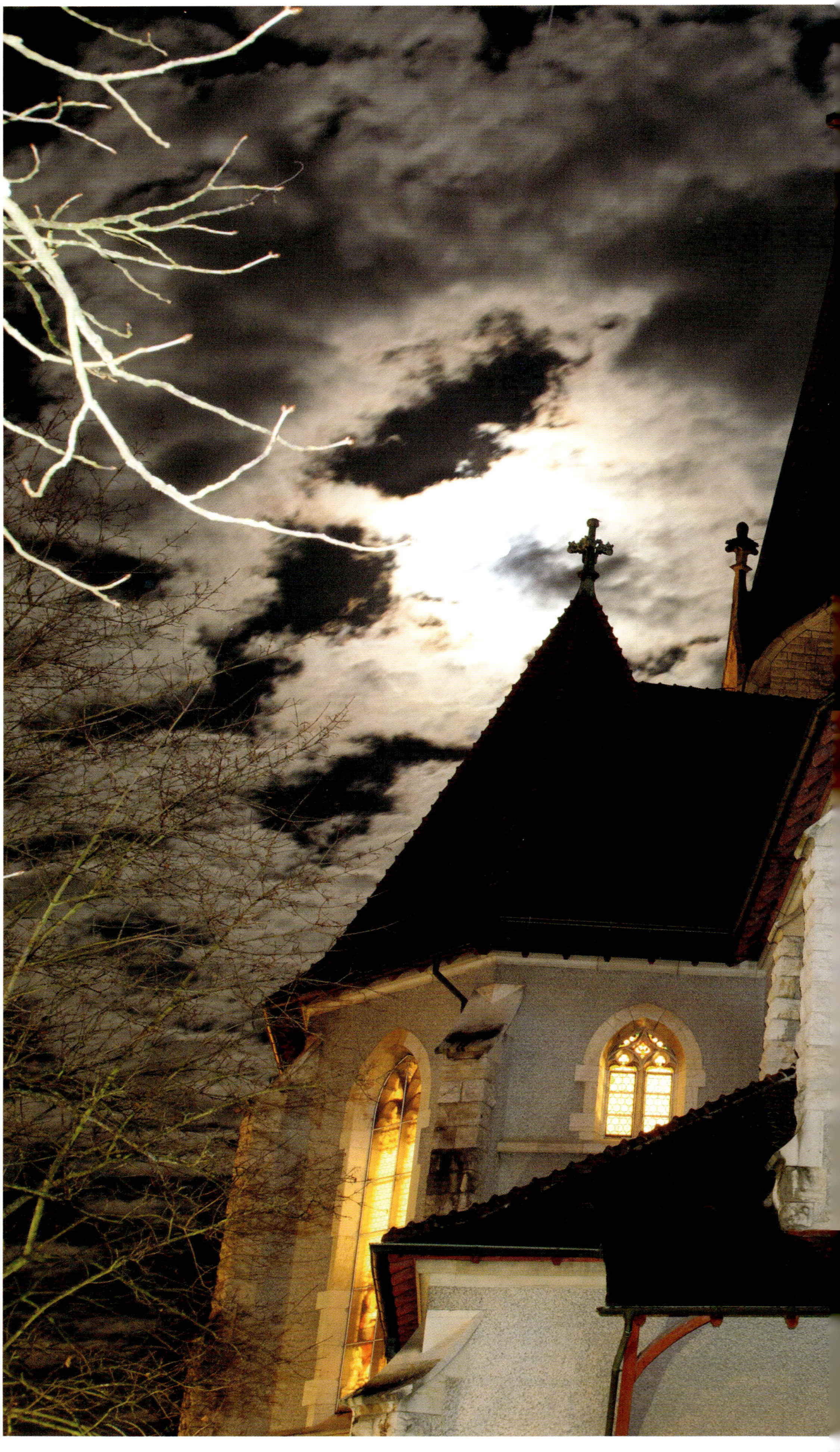

20

11

Felix Gmür
Bischof von Basel
Évêque de Bâle

Intellegentes quae sit voluntas Domini

> Dort sollt ihr und eure Familien in der Gegenwart des Herrn, eures Gottes,
> feiern und euch an dem freuen, was ihr durch eurer Hände Arbeit
> und durch den Segen des Herrn, eures Gottes, erreicht habt.
> Dtn 12,7

Liebe Leserin, lieber Leser
Liebe Gläubige der Herz-Jesu-Pfarrei in Laufen

Vor hundert Jahren hat mein Vorgänger die neue, noch nicht ganz fertige Herz-Jesu-Kirche Laufen einweihen dürfen. Gesessen wurde noch auf den alten Bänken der fast vierzig Jahre lang genutzten Notkirche, Glocken waren noch keine neuen da, Orgel und Hochaltar fehlten ebenfalls. Es sind alles kleine Anzeichen davon, dass das grosse Werk vorgängig mit einigen Schwierigkeiten zu kämpfen hatte. «Zahllos sind die Mühen, welche die heutige Kirche erst fertig gebracht haben», bemerkte das Basler Volksblatt in seinem Artikel vom 24.11.1914 zur Einweihung der Kirche.

So liest sich denn auch in den Akten des bischöflichen Archivs die Entstehungszeit der Herz-Jesu-Kirche wie eine Kriminalgeschichte:
Da gab es einen Konflikt mit den Christkatholiken um die Nutzung der alten Kirche, eine Lotterie zur Kirchenbaufinanzierung, die nicht die erhofften Einnahmen brachte, ein Pfarrer, der mit dem Kirchenrat in Konflikt geriet, Beschuldigungen gegenüber dem Organisten, er lese während des Gottesdienstes Zeitung, und ein Kirchgemeinderatspräsident, der mit einem Brief an den Bischof seine Demission bekanntgab aufgrund der «heraufbeschworenen difficilen Situation».

Ob es nun vor hundert Jahren gewesen ist oder heute: Grosse Werke anzupacken, führt uns als Einzelperson, als Familie oder als Pfarreiangehörige immer wieder an Grenzen, seien sie nun zwischenmenschlicher, finanzieller oder zeitlicher Art. Mögen uns das Vertrauen, dass uns Gottes Segen begleitet, die Vor-Freude über das Gelungene und der Stolz, es schliesslich geschafft zu haben, immer wieder helfen, Auseinandersetzungen miteinander anzugehen und Mühen zu vergessen.

So stimme ich heute mit Ihnen allen ein in die grosse Festfreude über die hundert Jahre gemeinsames Beten, Flehen, Feiern und Singen in der Herz-Jesu-Kirche. In ihren Mauern «sollt ihr und eure Familien in der Gegenwart des Herrn, eures Gottes, feiern und euch an dem freuen, was ihr durch eurer Hände Arbeit und durch den Segen des Herrn, eures Gottes, erreicht habt». (Dtn 12,7)

In dieser Freude verbunden, sende ich Ihnen allen meine besten Segenswünsche.

Solothurn, im Jubiläumsjahr 2014

+ *Felix Gmür*
Bischof von Basel

Ein Wahrzeichen Laufens

Grusswort

Die Herz Jesu-Kirche in Laufen fällt auf. Die zentrale Lage, die neugotische Architektur, aber auch die Grösse des Baus sind etwas Besonderes. Vermutlich wollte die Kirchgemeinde vor hundert Jahren auch Zeichen setzen. Zeichen für das himmelwärts gerichtete Streben der Menschen und für die Bedeutung des Christentums und der wiedererstarkten römisch-katholischen Kirchgemeinde nach schwierigen politischen Zeiten. Der Bau des Gotteshauses wurde auch zum Symbol für Solidarität und für das Vertrauen in die Zukunft.

Wir dürfen uns die nun hundertjährige Herz-Jesu-Kirche auch heute als Vorbild nehmen: Sie steht für den Glauben an Gott, aber auch für den Glauben der Menschen an sich selbst. Dafür, dass man nämlich mit viel Enthusiasmus, Gottvertrauen und Tatkraft etwas Grossartiges erschaffen kann. Darum dürfen wir alle in Laufen stolz sein auf dieses Bauwerk. Mit dem Bau der Kirche sind wohl Zeichen gesetzt worden, doch im Laufe der Jahre ist die Kirche selbst ein Wahrzeichen Laufens geworden.

Es freut mich sehr, dass es der römisch-katholischen Kirchgemeinde in den hundert Jahren gelungen ist, diese Kirche wirklich mit Leben zu füllen. Ich gratuliere ganz herzlich zum Jubiläum. Ich wünsche noch viele Jahre Freude mit der Kirche als Zentrum des Glaubens und viel engagiertes und solidarisches Leben in der Kirche.

Alexander Imhof
Stadtpräsident

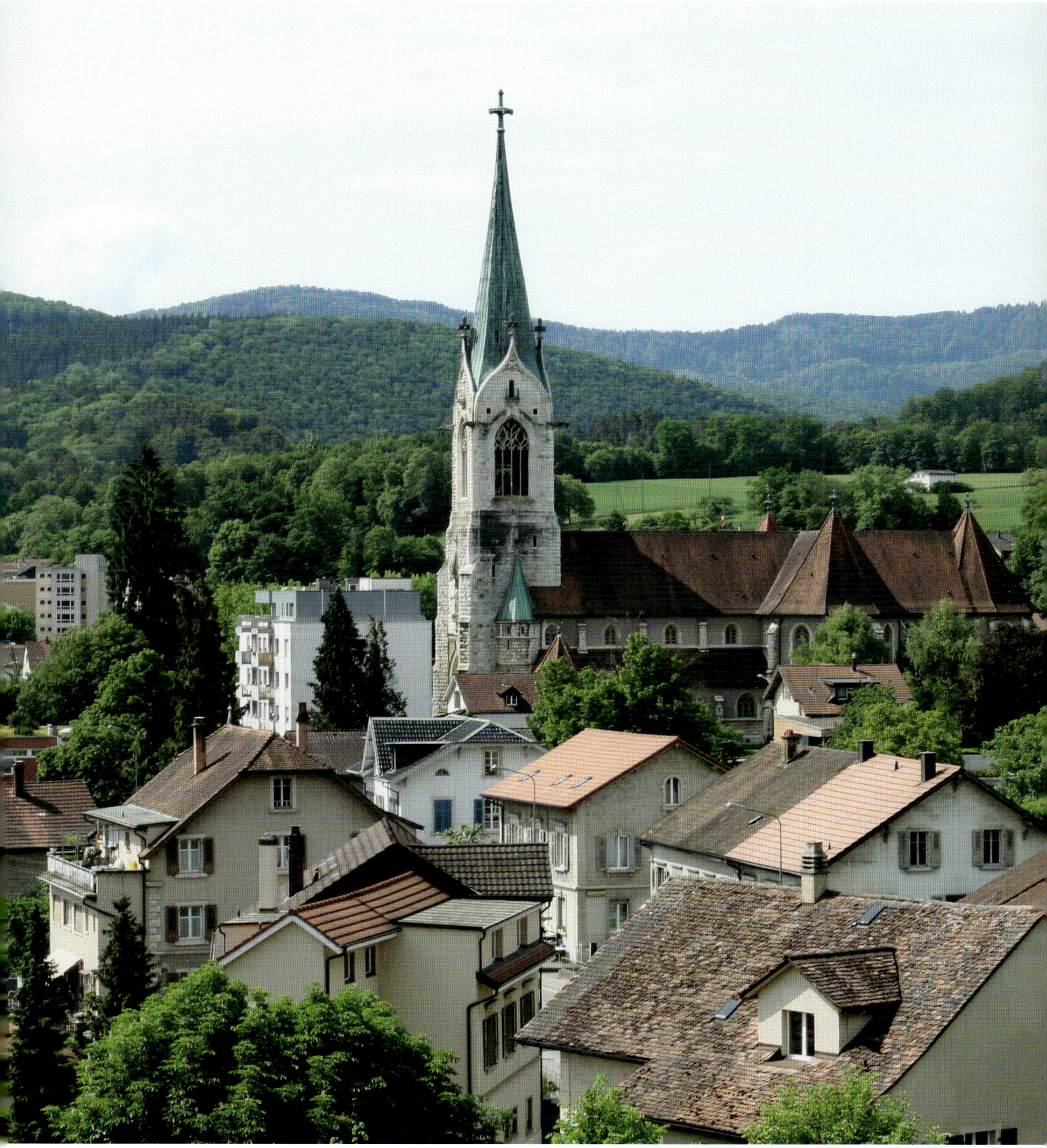

Herz der Volksfrömmigkeit

Dr. Urs Jecker

Die Herz-Jesu-Kirche als Zentrum des Prozessionswesens

Als der Grosse Rat des Kantons Bern während des Kulturkampfes die katholische St.-Katharinen-Kirche den papstkritischen Christkatholiken zuspricht und kurz danach im *«Gesetz betreffend Störung des religiösen Friedens»* (31. Oktober 1875) alle Prozessionen und Zeremonien *«ausserhalb von Kirchen, Kapellen, Bethäusern …»* verbietet, bedeutet das für die Laufner Katholikinnen und Katholiken gleich doppeltes Ungemach. Zum einen stehen die römisch-katholischen Gläubigen, welche in Laufen die Mehrheit bilden, ohne eigene Kirche da. Zum andern bedeutet das Prozessionsverbot eine empfindliche Einschränkung des religiösen Brauchtums, da in Laufen die Prozessionen an Fronleichnam sowie am Sonntag danach («Grosser Umgang») bereits in der zweiten Hälfte des 19. Jahrhunderts bedeutende religiöse Anlässe sind. Niemand ahnt damals, dass just diese Einschränkungen – Jahrzehnte später – zu einem Kirchenneubau und zur Renaissance der Prozessionstradition führen sollten. An leicht erhöhter Lage, auf dem Hinterfeld, entsteht in stattlicher Grösse die Herz-Jesu-Kirche. Sie sollte nach ihrer Einweihung im Jahre 1914 nicht nur zum liturgischen Zentrum, sondern später auch zum Dreh- und Angelpunkt des neu auflebenden Prozessionswesens werden.

Böse Worte gegen Bern

Doch noch ist es nicht so weit. Denn 1914 ist das Prozessionsverbot noch in Kraft, was in der Presse seit Jahren unablässig und teilweise in drastischen Worten beklagt wird. So wettert etwa der «Birsthaler» (Anzeigeblatt für's Laufental, Schwarzbubenland und Birseck, existiert bis 1902) mit Ausdrücken wie *«beschämende Zustände»* (17. Juni 1899), *«blutiger Hohn»* oder *«Gewissensthyrannei»* (31. Mai 1902) gegen das reformierte Bern. Jahre später, am 23. Juni 1916, fragt die katholische «Nordschweiz»: *«Wie lange wird es noch dauern, bis man im Kanton Bern diesen einfältigen Kulturkampfzopf abschneidet?»* Aber, so zürnt die «Nordschweiz» im gleichen Artikel weiter, *«nicht umsonst trägt man den Bär im Wappen, das Symbol roher Gewalt und Grausamkeit!»* Man brandmarkt die Einschränkungen aus dem protestantischen Bern als diskriminierend gegenüber denen, die *«noch vom hl. Glauben durchdrungen»* seien (Nordschweiz, 21. Juni 1905). Doch es sollten die letzten harten Kulturkampftöne sein. Im Jahre 1917 lockert Bern das Verbot und erlaubt den Katholiken, eine kleine Prozession rund um die neue Kirche herum zu führen. Am 19. Dezember 1917 fällt das Verbot gänzlich. Mit diesem Entscheid wächst die Herz-Jesu-Kirche in eine neue Rolle: Sie wird im Prozessionswesen für mehrere Jahrzehnte zum religiösen Zentrum des Laufentals und der ganzen Region.

Fronleichnam und der Grosse Umgang

Es sind gleich zwei Prozessionen, welche ab 1918 wieder durchgeführt werden dürfen: die Fronleichnamsprozession am zweiten Donnerstag nach Pfingsten und der «Grosse Umgang» am Sonntag nach Fronleichnam. Beide Prozessionen beruhen in ihrer äusseren Form auf den vorchristlichen Flurumgängen. Während die Fronleichnamsprozession theologisch jedoch auf die Einsetzung der Eucharistie verweist (vgl. Infobox), bildet der «Grosse Umgang» den Abschluss der Feierlichkeiten der religiös ausgerichteten Sakramentsbruderschaften. Weil in Laufen damals das Herz-Jesu-Fest (Patrozinium) jeweils am Freitag nach dem «Grossen Umgang» gefeiert wird, verschmilzt dieser wegen der zeitlichen Nähe mit dem Patroziniumsfest. So erlebt Laufen in den Jahren 1918 bis 1968 innerhalb von vier Tagen jeweils zwei Prozessionen. Beide ähneln sich in Art und Formation so sehr, dass der «Grosse Umgang» im Volk bald als Wiederholung der Fronleichnamsprozession empfunden wird. Ein Umstand, den Pfarrer Hans Stark 1968 zum Anlass nimmt, den «Grossen Umgang» abzuschaffen.

Viele Routen – ein Zentrum

Da durch den Neubau die Kirche im wahrsten Sinne nicht mehr im Dorf bzw. «Stedtli» ist, muss nach der Aufhebung des Prozessionsverbots die Route neu festgelegt werden. Das Protokoll des Kirchgemeinderats vom 7. März 1918 vermerkt dazu: «*Der Rat ist allgemein der Ansicht, dass sich die Prozession durch das Städtchen vollziehen sollte, wobei Altäre beim Spital* (heutiges Stadthaus, Anm. UJ)*, beim Missionskreuz, in der Rennimatt u. bei der Kirche vorgesehen sind.*» (Dass hier von vier Altären die Rede ist, Laufens Prozessionsgeschichte aber stets nur drei oder weniger Altäre kennt, kann hier nicht näher abgehandelt werden.) Bereits drei Jahre später wird die Route abgeändert. Das Kirchenratsprotokoll vom 4. Mai 1921 vermerkt ohne Angaben von Gründen, dass die Route «*entgegen der früheren Marschrichtung*» in umgekehrter Richtung vollzogen werde. Man marschiert von der Kirche also nicht Richtung Vorstadtplatz, sondern in Richtung Rennimattstrasse. Die Herz-Jesu-Kirche bleibt in all den Jahren Ausgangspunkt *und* Ziel der Prozession. Entsprechend berichtet die «Nordschweiz» am 4. Juni 1918: Die Prozession habe sich von der «*schönen neuen Kirche*» bis «*wieder in die Kirche zurück*» bewegt. Dies sollte bis in die späten 1960er-Jahre so bleiben. Zwischen

1969 und 1971 kommt dann erstmals eine Prozessionsvariante ins Spiel, bei welcher nicht mehr die Herz-Jesu-Kirche, sondern die Spitalkapelle zum Ausgangspunkt der Prozession gewählt wird. Die Prozession führt in diesen Jahren vom Fenninger-Spital zum Schulhausplatz der Primarschule, wo ein sogenannter Jugendaltar aufgestellt ist. Von dort geht es via Untertor zum Rathausplatz; von dort via Vorstadtplatz zurück in die Kirche. Ab 1972 ist der Ausgangspunkt der Rathausplatz, auf welchem die Eucharistie gefeiert wird. Danach führt die Prozession via Vorstadtplatz (1972 bis 1982) oder via Städtchen/Rennimattstrasse (1983 bis 1987) zurück in die Kirche.

Die Gründe von Routenänderungen sind nur teilweise belegt. Namentlich der wachsende Verkehr – Vorstadtplatz und Rennimattstrasse liegen auf der Durchgangsachse Delsberg–Basel – stört oder behindert die Prozession in den 60er-Jahren immer mehr. So beschliesst zum Beispiel Pfarrer Alois Vogt, die Prozession nicht mehr über den Vorstadtplatz zu führen, weil *«er ungeeignet zum Reden und Hören»* sei (Kirchgemeinderatsprotokoll vom 8. April 1963). Man feiert deshalb die Messe ab 1964 auf dem ruhigeren und verkehrstechnisch günstiger gelegenen Rathausplatz. Aber auch theologische Gründe sind für Routenänderungen ausschlaggebend. So reduziert Pfarrer Hans-Rudolf Zeier im Jahre 1972 die Prozession auf die Kurzvariante Rathausplatz–Vorstadt-Kirche. Er argumentiert, dass Fronleichnam ja die Gedenkfeier zur Einsetzung der Eucharistie sei, welche jedoch im üppigen und barocken Prozessionswesen in den Hintergrund getreten sei. Er wolle deshalb die Eucharistie wieder ins Zentrum stellen (vgl. Pfarrblatt vom 28. Mai 1972).

Der Grosse Umgang – regionales Fest

Wenngleich sich die Fronleichnamsprozession und der «Grosse Umgang» äusserlich und formal sehr ähnlich sind, ist die Wirkung des «Grossen Umgangs» über Laufen hinaus ungleich grösser. Schon früh wird der von der Herz-Jesu-Kirche ausgehende Umgang zur religiösen Feier für das ganze Laufental sowie Teile des Schwarzbubenlandes, bei welchem Klerus, Vereine und Gläubige gleichermassen nach Laufen strömen.

Bereits nach der ersten Durchführung im Jahre 1918 schreibt die «Nordschweiz» am 4. Juni, dass *«Pfarrer Meury von Bärschwil»* und *«eine grosse Anzahl geistlicher Herren von auswärts»* teilgenommen hätten. Am 15. Juni 1936 vermerkt die Zeitung die *«Anwesenheit von 14 geistlichen Herren aus dem Laufental und Schwarzbubenland»*. Die Kleriker kommen in all den Jahren unter anderem aus Delsberg, Corban, Nenzlingen, Erschwil, Bärschwil, Büsserach oder Dornach. Weiter listet die Zeitung die Musikgesellschaften, Vereine und Gruppierungen aus allen umliegenden Gemeinden auf. So etwa die Musikgesellschaften aus Grindel, Büsserach oder Bärschwil, die Institutstöchter aus Soyières, dem Marienverein aus Seewen oder die Jungmannschaft aus Blauen. Auch schreibt die «Nordschweiz» schon 1918, dass *«tausende und tausende»* Gläubige herbeigeströmt seien und dass *«die Zahl von 5000 nicht zu hoch gegriffen»* sei.

Die logistische Herausforderung muss enorm gewesen sein, wenn man bedenkt, dass Laufen damals etwa 2500 Einwohner zählt. Die Herz-Jesu-Kirche verliert die Bedeutung als regionales Zentrum erst, als der «Grosse Umgang» im Jahre 1968 abgeschafft wird und sich das religiöse Brauchtum im Zuge der Säkularisierung mehr und mehr aus dem öffentlichen Raum zurückzieht.

Route Fronleichnam 1918 bis 1920/1922 bis 1932: Kirche – Vorstadtplatz mit erstem Altar (1) – Städtchen – Missionskreuz mit zweitem Altar (2) – Rennimattstrasse – Bezirkskasse mit drittem Altar (3) – Kirche

Der Baldachin unterwegs am
Grossen Umgang (um 1940)

21

Wartend in Formation
(circa 1920)

Fronleichnam | Fronleichnam geht auf eine Vision der Klosterfrau Juliana von Lüttich (1193 bis 1258) zurück. Im Jahre 1209 sieht sie die Mondscheibe, der ein Stück fehlt. Sie deutet dies als fehlendes Fest im Kirchenjahr, welches an die Einsetzung der Eucharistie erinnert. Im Jahre 1264 führt Papst Urban IV. das Fest offiziell ein. Noch im 13. Jahrhundert breitet es sich langsam Richtung Süden aus und vereint sich hier mit den bestehenden Flurumgängen. Im Jahre 1317 scheint Fronleichnam in Basel und Sitten erstmals gefeiert worden zu sein.

Die Bezeichnung geht auf das mittelhochdeutsche fro- (Herr) und liichnam (damals noch: lebendiger Leib) zurück und meint also wörtlich: (lebendiger) Leib des Herrn und verweist auf die reale Präsenz des Leibes Christi in der gewandelten Hostie.

Vorstadtplatz (Datum unbekannt)

1955

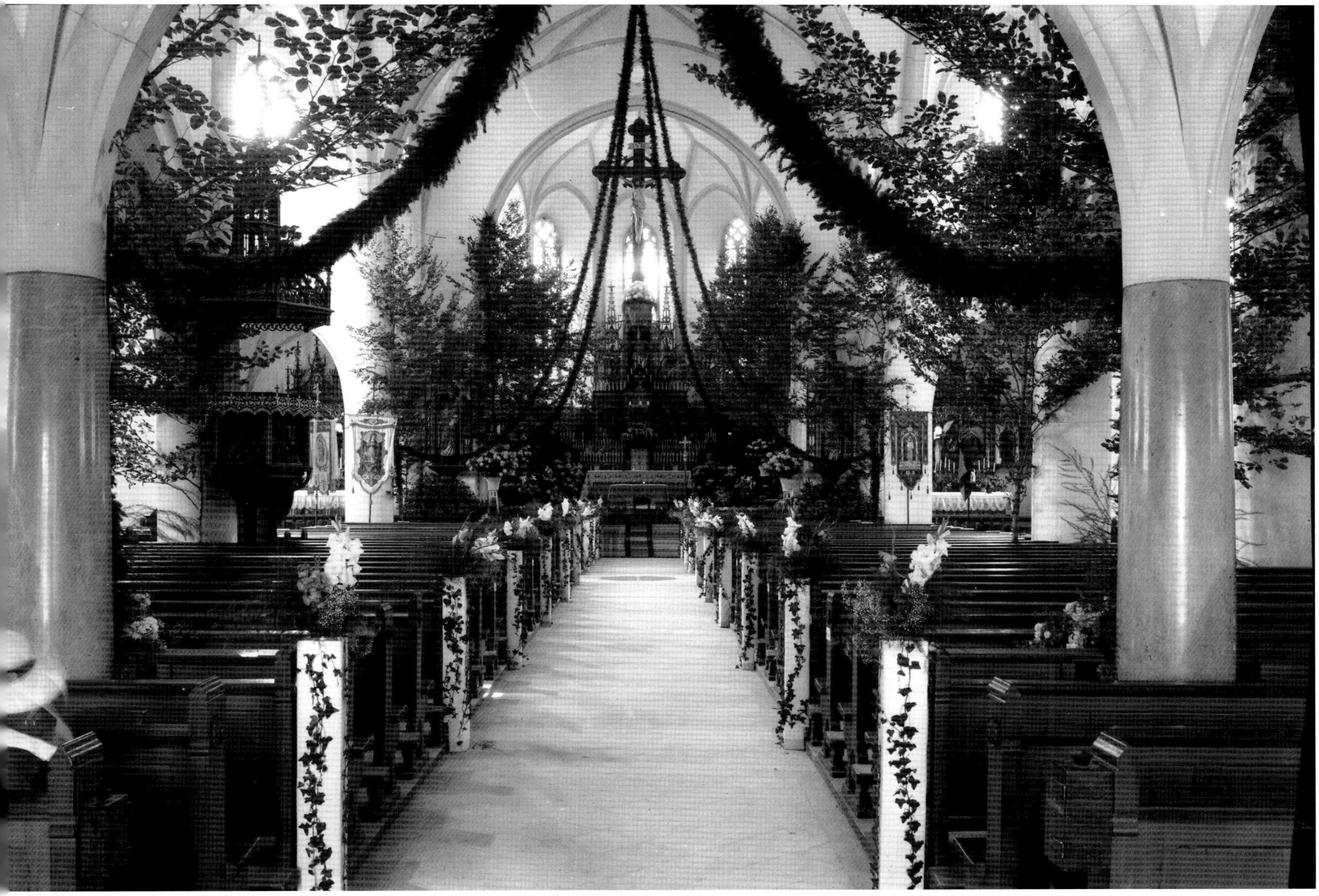

Unsere Kirche in den Augen der Kinder

Im Religionsunterricht in Laufen schrieben Fünftklässler Aufsätze zum Thema «Meine Wunschkirche» und Erstklässler zeichneten ihre ganz persönliche Herz-Jesu-Kirche. Koordiniert wurden die Klassenarbeiten von den Religionslehrerinnen Andrea Schmidlin, Denise Meier und Ursula Schwander.

***

Ich finde, die Kirche sollte etwas bunter werden. Die Bänke in Weiss, das wäre schön. An jeder Bank sollte eine weisse Rose hängen. Von aussen könnte die Farbe Weiss mit Rot sein und der Altar auch in Weiss mit roten Rosen. Die Toiletten könnten doch mehrmals in der Woche geputzt werden. Wenn die Toiletten auch gelb wären mit mehr Licht, dann hätten auch nicht alle Kinder Angst, alleine zu gehen. Im Gang könnte auch alles ein bisschen bunter sein, dann würde es vielleicht auch mehr Leute anlocken. Es könnte doch auch gefeiert werden, wenn man Geburtstag hat. Wegen den Liedern, man kann doch nicht immer die gleichen Lieder singen. Den Rest finde ich toll. Das wäre ein Traum. *Michela, 11 Jahre*

***

Die Kirche ist schön. Ich würde mich freuen, wenn die Kirche einen Gummiboden hätte, dass es den Leuten nicht langweilig wird. Dann kommen die Leute mehrmals in die Kirche. Dass die ein Jugendzimmer mit einem Fernseher, eine PS4 mit Fifa 14 dazu hätten, aber auch ein Riesenkreuz (†) an der Wand. Dass die Kinder (Baby) einen eigenen Raum zum Basteln, Malen hätten. Dass wir eine Riesenstatue haben mit Jesus drauf. *Nikola, 12 Jahre*

Gian 7 J.

Ich finde, die Kirche ist äusserlich ganz gut. Innen ist sie aber etwas sehr düster. Ich finde, sie sollte etwas farbenfroher sein. Auch die Kinderecke sollte etwas kinderfreundlicher sein. Wie wärs, wenn es ein eigener Raum wäre, denn dann könnten die Kleinen auch lautere Sachen spielen. Auch ein Sofa wäre gut. Statuen vor der Kirche, so wie Yannis es geschrieben hat, wären sehr schön. Der Parkplatz sollte grösser sein. *Elias, 11 Jahre*

***

Ich finde, sie sollten auch andere Musik machen in der Kirche. Sie sollten die Bänke der Kirche gemütlicher machen. Sie sollten in der Kirche Heizung dranmachen. Sie sollten in der Nacht von aussen an der Kirche Lichter anmachen, damit man sie schon von Weitem sieht. Sie sollten auch witzige und spannende Geschichten erzählen. Sie sollten auch die Kerzen durch Glühbirnen ersetzen. Sie sollten den Kindern auch zu Trinken geben. Sonst gefällt mir die Kirche nämlich, das ganze Gold, der Teppich und die Glocken. Ich finde die Gargols an der Kirche sehr cool, und die Fenster haben sehr schöne Bilder. Ende. *Ismael, 11 Jahre*

LENA 7 J.

Mika 7J.

Silvan 7J.

Levin 7.

Yves 7 J.

Also ich finde die Kirche aussen und innen schön, aber dennoch möchte ich auch etwas ändern. Zum Beispiel: einen roten Teppich vom Eingang bis zum Hochaltar oder ein bisschen mehr Licht, dass es nicht so dunkel ist. Auf jeden Fall mehr Farbe: Purpur oder Türkis und dort, wo im Winter die Krippe steht, also beim Josefsaltar, ein schwarzer Flügel. Ich fände es auch schön, wenn aussen Kirschbäume und Apfelbäume wachsen würden oder vielleicht sogar Exotisches, dann könnte man im Sommer oder im Herbst ein bisschen naschen gehen. Ich finde die Herz-Jesu-Kirche schön, weil sie schon so alt ist. *Sabrina, 11 Jahre*

Ich finde, die Kirche hat sehr tolle Sachen. Ein paar Beispiele: das Taufbecken; im Taufbecken der Herz-Jesu-Kirche wurden ich und meine Brüder schon getauft. Oder auch die Orgel; ich finde die Musik der Orgel immer wieder schön. Und was ich ganz toll finde, sind auch die Gottesdienste, die Pfarrer Kuhn und Christof Klingenbeck machen. Ich hoffe, dass es in 100 Jahren immer noch so schöne Gottesdienste mit so tollen Pfarrern gibt! Und ich finde die Glocken auch sehr toll: Wenn die Glocken der Herz-Jesu-Kirche schlagen, übertönen sie alle Glocken in Laufen! Und so gibt es noch viel, viel mehr tolle Sachen, ich bräuchte noch sehr lange, bis ich alles aufgezählt habe. Und jetzt will ich noch sagen, was ich nicht so toll finde, nämlich den Ministrantenraum; ich finde die Ministranten sollten einen schöneren Raum haben. Und dann habe ich noch etwas: das WC, ich finde, es sollte ein schönes WC haben. *Claude, 10 Jahre*

Die Kirche soll riesengross sein, mit gigantischen verschiedenen Lampen. Von Innen soll es ganz oben eine grössere Glocke haben. Es soll jeden Tag in der Woche einen Gottesdienst haben. Der Chor sollte grösser sein. Sonst finde ich toll: die Orgel, die Bänke zum Sitzen und Ministrieren gefällt mir, der Tabernakel, der Hochalter. Einzig der Ministrantenraum soll schöner sein. Toll wäre noch, wenn man die Orgel besser sehen könnte. *Jonatan, 11 Jahre*

***

Ich wünsche mir, dass der Ministrantenraum schöner ist. Ich wünsche mir, dass die Kirche wärmer ist. Die Orgel finde ich toll, sie sollte aber näher bei den Menschen sein. Sonst gefällt mir die Kirche. Im Gottesdienst freue ich mich immer auf das heilige Brot. *Elias, 11 Jahre*

***

Ich finde, die Kirche sollte eine neue Farbe haben und zwar Weiss und an den Spitzen Gold, von innen sollte es auch Weiss sein und das Taufbecken sollte weiss und immer mit Blumen geschmückt sein. Die Bänke sollten auch weiss sein. Zu der Orgel sollten noch Querflöten, Keyboard, Geigen und ein Chor dazugehören. Sehr wichtig finde ich, dass es wärmer werden sollte, und auch die Umkleidekabine von den Minis sollte nicht so aussehen wie ein Abstellraum! Aussen sollte es noch einen Garten haben mit einem Brunnen. Ich finde es schön, wenn es mehr Theater gäbe! An Weihnachten sollten die Bänke Deko haben. Sonst finde ich alle Gottesdienste toll. Aber das WC sollte geputzt werden. An einer Hochzeit sollten immer Blüten geworfen werden. Das ist alles, was ich verändern will. *Alessia, 11 Jahre*

***

Die Bänke in der Kirche sind sehr schön (aber hart). Sie gefallen mir zwar, aber sie sollten gepolstert werden. Heute sind sie unbequem: Ich wünsche mir neue Bänke mit Kissen, auch an den Lehnen. Ich würde die Kirche blau streichen. Der Vorleseplatz sollte wieder auf das Holzpodest. Es sollte Hostien mit Geschmack geben. Man sollte die Glocken jeden Sonntag nach dem Gottesdienst sehen dürfen. Dass mehr Chöre kommen und mehr Orgelmusik. Man sollte in der Kirche immer rennen dürfen. Das wäre meine Wunschkirche. *Sören, 11 Jahre*

Vanessa 7 J.

Die schwierige Bauvorbereitung von 1871 bis 1913

Giuseppe Gerster

Wir werden erst fähig zur Selbstdarstellung, wenn wir uns die eigene Vergangenheit bewusst machen. (Drewermann)
  Nur wer weiss, woher er kommt, weiss, wohin er geht.

Der hundertste Geburtstag der Herz-Jesu-Kirche in Laufen bietet eine willkommene Gelegenheit, um die historischen Ereignisse, die Mentalität der Vorfahren und den damals herrschenden Zeitgeist mit der aktuellen Situation zu vergleichen. Heute gehen wir oft davon aus, dass früher Ideen schneller realisiert und Projekte einfacher umgesetzt wurden. Der Gegensatz der damaligen zur aktuellen Situation der Glaubensgemeinschaft könnte nicht grösser sein. Zum Neubau schreibt die Nordschweiz am 24. November 1914: «Es ist eine lange und stellenweise harte und schwere Zeit, aus der heraus sich die Notwendigkeit eines Kirchenbaues zeitigte ...»

Es fehlen die Gläubigen

Heutzutage fehlen in zahlreichen Kirchen seit Jahren die Gläubigen. Nur an hohen Feiertagen wie Weihnachten und Ostern oder an Taufen, Hochzeiten und Abdankungsgottesdiensten sind die Gotteshäuser erfreulicherweise besetzt. Die Sonntagsmessen werden nur spärlich besucht, obwohl die Anzahl der Gottesdienste stark reduziert wurde. Kirchgemeinderäte fragen sich, ob ihre Kirchen attraktiver gestaltet oder vielleicht verkauft oder abgerissen werden sollen. Kirchen werden in Konzertsäle oder Museen umgenutzt. Da und dort wurden Bibliotheken, Ateliers oder gar Wohnungen unsorgfältig eingebaut – Nutzungsmängel, personelle und finanzielle Engpässe sind die Folgen.[1]

Vor nicht allzu langer Zeit war es genau umgekehrt

Wie haben sich doch die Bedürfnisse und die gesellschaftliche Situation geändert. Ab Mitte des 19. bis Mitte des 20. Jahrhunderts entstanden in der Schweiz weit mehr als 200 neue römisch-katholische Kirchen. Die Anzahl Gläubige nahm, trotz Kriegen und Wirtschaftskrisen, stetig zu. In Laufen war nicht das Wachstum der Bevölkerung oder, wie in der Region Basel, die Zuwanderung aus der katholischen Zentralschweiz der Anlass, eine neue Kirche zu bauen.

Der eigentliche Auslöser war der Kulturkampf

Ohne kurze Rückblende auf jene Auseinadersetzung von 1871 bis 1907 ist die Bauvorbereitung für den Kirchenneubau nicht nachvollziehbar. Zwei Gegensätze stiessen aufeinander: Der liberale Staat von 1848 wollte die kirchlichen Institutionen seinem Recht unterordnen, und das Erste Vatikanische Konzil verkündete die Unfehlbarkeit des Papstes in wesentlichen Glaubensfragen. Priester mussten sich verstecken, Gottesdienste wurden in Scheunen gefeiert und der Bischof Eugenius Lachat wurde abgesetzt. Joseph Gerster-Roth (JGR 1860 bis 1937) schrieb in seinen Memoiren von 1923: «Die Verfolgung ... traf unsere Kirchgemeinde gerade zur Zeit, als unser guter, friedfertiger und heiligmässiger Pfarrer Stephan Brunner aus Therwil, infolge Ansteckung an einem Krankenbett, an den schwarzen Blattern gestorben war, am 2. Februar 1871.» Die Katholiken, nun eine Minderheit, mussten die Pfarrkirche St. Katharina verlassen. An der Baslerstrasse entstand 1877/78 die Notkirche. Sie diente mit Unterbrechungen während 37 Jahren als Gotteshaus. 1891 wurde mit Stimmenmehrheit der romtreue Pfarrer Joseph Neuschwander gewählt. Nun waren die Christkatholiken in der Minderheit. Die römisch-katholische Kirchgemeinde feierte nach rund 20 Jahren in der St.-Katharinen-Kirche wieder eine feierliche Messe. 1896 erlaubte die Berner Regierung die Mitbenutzung der Kirche beiden katholischen Gemeinschaften. Dies lehnten beide, allerdings aus verschiedenen Gründen, ab. Für die Christkatholiken war es eine Zumutung, für die Römisch-Katholischen war es schlicht und einfach verboten. Den Vorschlag Kirche und Notkirche zu tauschen, lehnten die Christ-Katholiken ab. Die Römisch-Katholischen zogen wieder in die zeitweilig verlassene Notkirche ein. Gleichzeitig verhandelten sie, allerdings ohne Erfolg, um eine Auszahlung ihres Anteils an der St.-Katharinen-Kirche. Erst 1907 fand eine Einigung statt. [2]

Der geeignete Bauplatz

Vier Parteien bekämpften einander. Einige wollten einen grossen Neubau, andere wollten den Neubau in unmittelbarer Nähe der Gasthöfe, einige wollten absolut keinen Neubau und die Christkatholiken sträubten sich, die Kirchengüter St. Katharina zu teilen. Der Kirchenrat suchte und beurteilte mehrere Bauplätze. Alle Experten, wie Bischof Leonhard Haas und der in Paris ausgebildete jurassische Architekt Pierre Vallat, entschieden sich für den Bauplatz an der Röschenzstrasse.

JGR schrieb in seinen Memoiren: «Der grosse Feind unserer Kirchgemeinde war die Mutlosigkeit und Uneinigkeit, ebenso der Eigennutz gewisser Wirte, welche die Kirche nur als Bierquelle taxierten und sie vor ihrer Türe gesetzt haben wollten. Die Frage des Kirchenplatzes erregte die Gemüter heftig und blieb acht Jahre unentschieden.»

Die Memoiren von JGR geben deutlich die Stimmungen und die Mentalität der Laufner und schliesslich das Seilziehen der beiden religiösen Gemeinschaften und die rein geschäftlichen Interessenvertreter wieder. Gleichzeitig zu den Aktivitäten des Kirchenrates entwickelte sich eine private Initiative. JGR schrieb weiter: «Um die Angelegenheit in Fluss zu bringen und den einzig möglichen Platz an der Röschenzstrasse gegen einen Handstreich oder Vorkauf von altkatholischer Seite oder den Widersachern in unseren eigenen Reihen zu sichern, konstituierte sich am 21. April 1900 ein Verein unter dem Namen ‹Römisch-katholischer Kirchenbauverein Laufen›». Die zehn Vereinsmitglieder kauften für rund 15'000 Franken das Areal an der Röschenzstrasse. Sie wurden im «Birsboten», einer Lokalzeitung, als Agrarier, als Ackerbauern und Grossgrundbesitzer beschimpft. Am 25. August 1901 wurde der Kirchenrat neu gewählt. Es gelang Pfarrer Joseph Neuschwander, der trotz gegenteiliger Weisung des Bischofs gegen den Kirchenneubau agierte, den Kirchenrat mit Baugegnern zu besetzen. Das Projekt Kirchenneubau wurde auf Eis gelegt. JGR schrieb: «Schon waren wir entschlossen, das Areal wieder zu verkaufen, als die Situation, infolge des unerwarteten Todes des Hauptgegners, Pfarrer Neuschwander, umschlug und den Gutgesinnten günstiger wurden.» Pfarrer Neuschwander verstarb am 27. März 1903.

Dr. Joseph Wenzler, Pfarrer-Dekan

Als Nachfolger wurde Dr. Joseph Wenzler gewählt, der den Pfarrhausneubau kräftig vorantrieb und den Kirchenbauverein positiv unterstützte. Dr. Wenzler zog mit einer Kommission von Haus zu Haus und sammelte viele finanzielle Zusagen und Verpflichtungen.

Im September 1904 wurde Joseph Gerster-Roth zum Kirchgemeindepräsidenten gewählt. Die Stimmung war gekippt, die Hoffnung gross. Trotzdem dauerte es noch neun Jahre bis zum Baubeginn, und zahlreiche Schwierigkeiten waren zu überwinden. Die Mitglieder des Kirchenbauvereins schenkten am 8. September 1904 der Kirchgemeinde das erworbene Areal an der Röschenzstrasse; eine Vereinbarung mit der christkatholischen Kirchgemeinde konnte endlich 1907 abgeschlossen werden. Die Finanzierung des Pfarrhauses, die Sammelaktionen für den Kirchenneubau, die Organisation einer Lotterie im Kanton Wallis, die Wahl des Architekten und schliesslich der Entscheid, eine neogotische Kirche mit rund 900 Plätzen

Kirche in Laufen

Postkarte von 1913: Modellzeichnung der im Bau befindlichen Kirche

auf einer künstlich aufgeschütteten Erhebung mit einem 65 Meter hohen Turm zu errichten, mussten organisiert werden.

Im Kanton Bern eine Lotterie durchzuführen, war den Römisch-Katholischen nicht erlaubt. Der Erlös aus dem Wallis war mit 44'299 Franken knapp befriedigend. Zwingen bildete ab 1908 eine eigene Kirchgemeinde. Im Übereifer verkauften einige Laufner Lotterielose in der Region. JGR schrieb: «Nicht unerwähnt darf sein, dass ich für verbotenen Lotterielosverkauf in Laufen einmal, Bernhard Borer zweimal, Fräulein Hof einmal im Thierstein gestraft wurden.» 1910 zählte die Kirchgemeinde wieder 1700 Katholiken. Dr. Joseph Wenzler, Pfarrer-Dekan, verlies Laufen und zog nach Riehen. Wieder verbreiteten sich Unsicherheiten. Würde der neue Pfarrer die Anstrengungen für den Neubau auch unterstützen? Eine Pilgerfahrt von 1910 nach Rom mit Empfang durch Papst Pius X. gab allen neuen Mut.

Unmittelbar vor Baubeginn

Gewählt wurde Pfarrer Friedrich Marbach von Schötz im Kanton Luzern. Dieser ging mit gleichem Ernst und Fleiss an die Aufgabe wie sein Vorgänger. Die Teilnehmer der Kirchgemeindeversammlung vom 3. Dezember 1911 konnten das Vorprojekt von Architekt Wilhelm Hanauer (1854 bis 1930) begutachten und bewilligen. Im Herbst 1912 wurden die Erdarbeiten in Angriff genommen. Die feierliche Grundsteinlegung fand am 20. April 1913 statt. Es ist leicht, sich vorzustellen, dass die Einweihung der Herz-Jesu-Kirche am 25. November 1914 durch Bischof Jakobus Stammler nach 43 Jahren Betrübnis, Kummer, Verdruss und Verfolgungen ein riesiges Ereignis und ein grosses Fest für die ganze Kirchgemeinde war.[3]

Dank den zahlreichen Spendern

Nur ein Teil der Bau- und Einrichtungskosten konnten die Kirchgemeinde, der Bischof und der Staat aufbringen. Die Spendenfreudigkeit vieler Privatpersonen und der Bezirksgemeinden, die Einsatzfreudigkeit, der geschenkte Zeitaufwand und die vernunftgeprägte Hartnäckigkeit weniger ermöglichte die Realisierung des grossartigen Gotteshauses, das zahlreichen Generationen gedient hat und noch vielen Gläubigen zur Verfügung stehen wird.

[1] Das Institut für Denkmalpflege der ETHZ hat im Band 14 bereits 1994 mit der Publikation «Zeitgenössischer Umgang mit historischen Gotteshäusern» auf die Problematik aufmerksam gemacht (vdf Verlag der Fachvereine Zürich).

[2] In der Festschrift «75 Jahre Herz–Jesu–Kirche» von 1989 (S 18ff und S 54ff) sind die Ereignisse des Kulturkampfes ausführlich dargestellt. Ebenso in der Publikation «Die Kirchennot in Laufen im Berner Jura» (1908, Vereinsdruckerei Laufen) und in «Zur Einweihung der neuen römisch-katholischen Herz-Jesu-Kirche in Laufen, Mittwoch, 25. November 1914», Nordschweiz, 24. November 1914, Nr. 94.

[3] Die Architektur und die Renovationsarbeiten von 1924 bis 1975 sind in der Publikation «75 Jahre Herz-Jesu-Kirche Laufen» (S 23ff, S 26ff, S 31ff, S 38ff) und teilweise in der «Nordschweiz» vom 9. April 1976 umfassend dargestellt und sollen hier nicht wiederholt werden.

Neues Kupferdach, 1949

1914

Programm

für die Feier der

Einweihung der neuen röm.-katholischen Kirche

in

Laufen

Mittwoch (St. Catharina), **25. Nov. 1914.**

s - Programm:

ns ½8 Uhr: Beginn der heil.
 durch den **Hochw. Herrn Bi**=
von **Basel und Lugano**
Jakobus Stammler.

tags 10 ¼ Uhr: Sammlung der
äste, Pfarrgenossen und des
s bei der Notkirche, Aufstel-
zur Prozession.

tags ½11 Uhr: Weggang der
ssion bei der Notkirche durch
adt zur neuen römisch-katho-
n Kirche.

ttesdienst mit feierlichem
mt und Festpredigt.

ittags 3 Uhr: Firmung in der
weihten Kirche u. Festpredigt.

Zugsordnung bei der Prozession:

1. Stadtmusik Laufen
2. Kreuz mit Ministranten
3. Römisch-kathol. Schulkinder
4. Marienverein
5. Jünglingsverein
6. Kirchenchor
7. Festgäste
8. Kirchenbehörde
9. Hochwürdige Geistlichkeit
10. Das Allerheiligste
11. Männersodalität
12. Pfarrangehörige
13. Uebriges Volk.

Innenrenovationen zum 100-Jahr-Jubiläum

Paul Aeschi (Text), Margot Lehmann und Kurt Hamann (Fotos)

Für 2012 hat sich die Pfarrei Laufen zum Ziel gesetzt, den Innenraum der Kirche zu restaurieren. Das ist nötig, denn die letzten Innenrenovationen wurden 1976 vorgenommen. An der Kirchgemeindeversammlung im April 2012 wurde der Startschuss für die Planungs- und Sanierungsarbeiten gegeben. Mit dem Architekten Mathias Schmid aus Luzern konnte ein ausgewiesener, kompetenter Fachmann für diese Sanierungsarbeiten gewonnen werden.

Die wichtigsten Arbeiten umfassten:

- Die Trockenreinigung der Raumschale.
- Der Hoch- und die Seitenaltare sowie die Kreuzwegstationen wurden ausgebessert und gereinigt.
- Auf der Innenseite wurden die bleiverglasten Fenster wieder instand gestellt.
- Die Natursteinböden wurden gereinigt und vom Kerzenwachs befreit.
- Verbesserung der Raumakustik durch Sitzpolster und einen Teppich im Chor.
- Die Beschallungsanlage wurde optimiert und auf den neusten Stand gebracht.
- An der Heizanlage wurde mit einer neuen Steuerung das Regelverhalten optimiert.
- Die beiden seitlichen Bankreihen mussten für die Renovationsarbeiten demontiert werden. Auf Wunsch und Beschluss der Kirchgemeindeversammlung wurden die Bänke nicht mehr montiert. Der frei gewordene Platz ergibt mehr Freiraum und die Kirche wirkt dementsprechend grosszügiger.
- Alle Beleuchtungskörper über dem Zelebrationsaltar und in den Seitenschiffen wurden ersetzt.
- Die Schmutzschleusen bei den Eingängen sind erneuert worden.
- Ebenfalls wurde im Eingangsbereich ein neuer Schriftenstand montiert.
- Nach der Innensanierung wurde die Orgel renoviert.

Alle diese Sanierungen in der Herz-Jesu-Kirche mögen hoffentlich dazu beitragen, dass dieser Ort der Stille und Besinnung vermehrt und mit Freude aufgesucht wird.

45

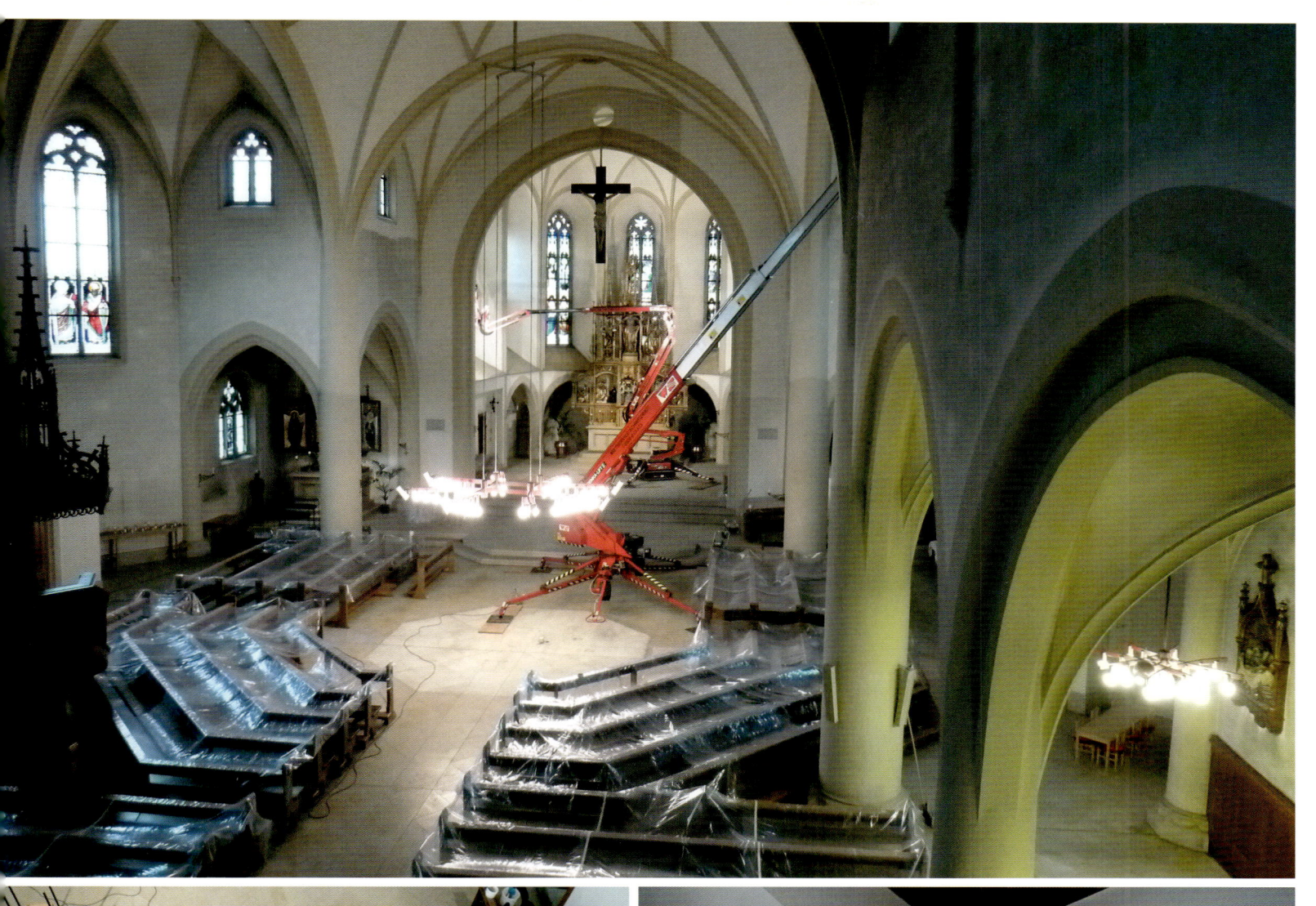

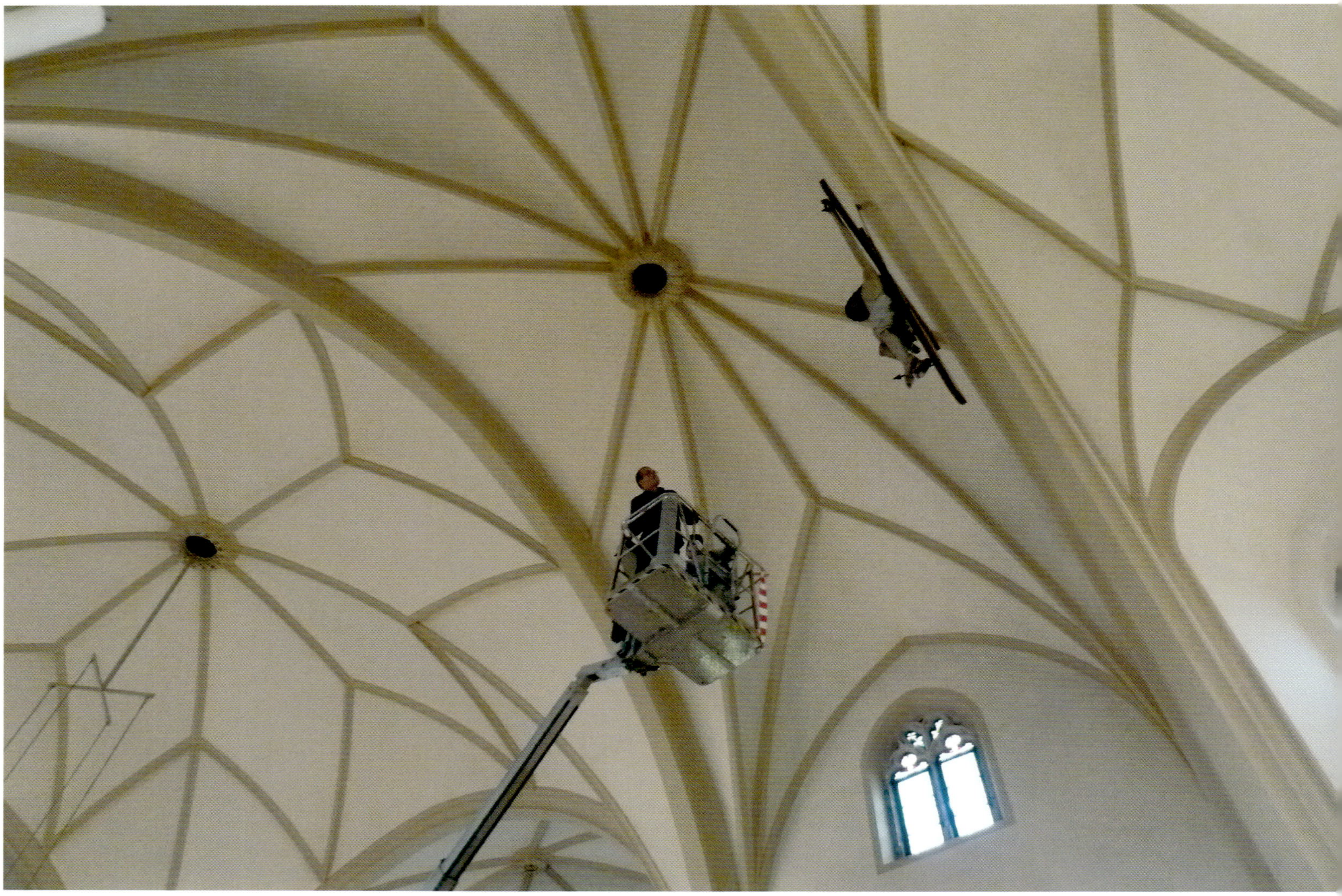

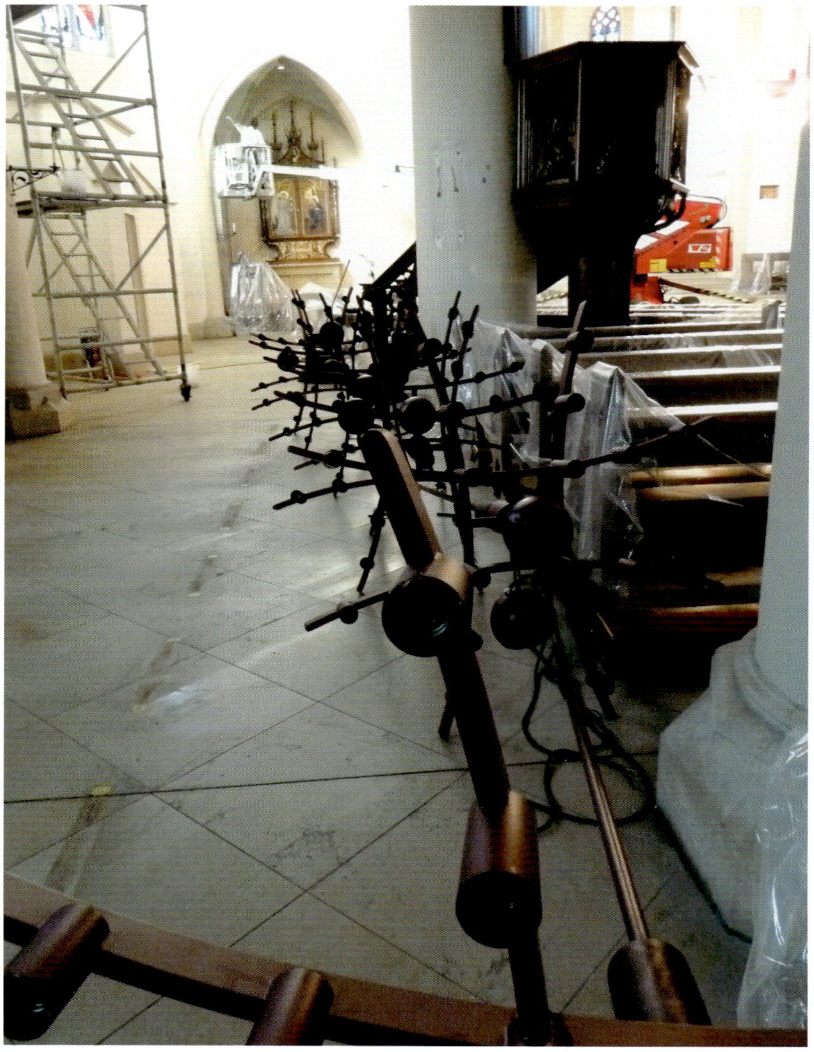

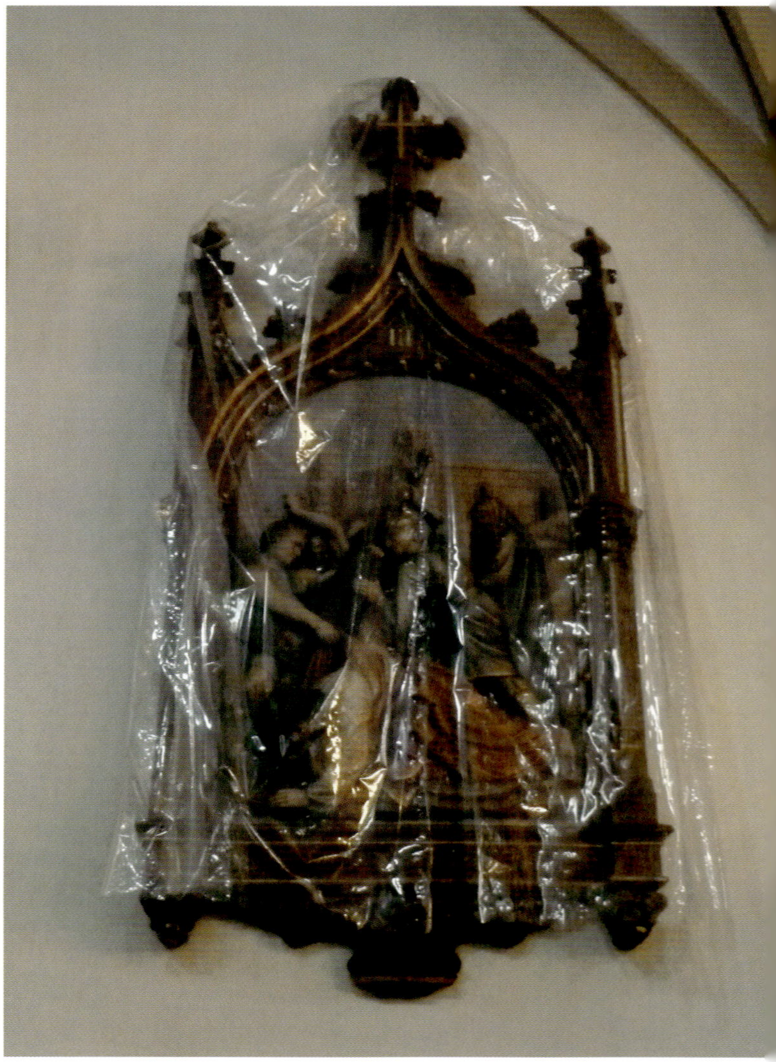

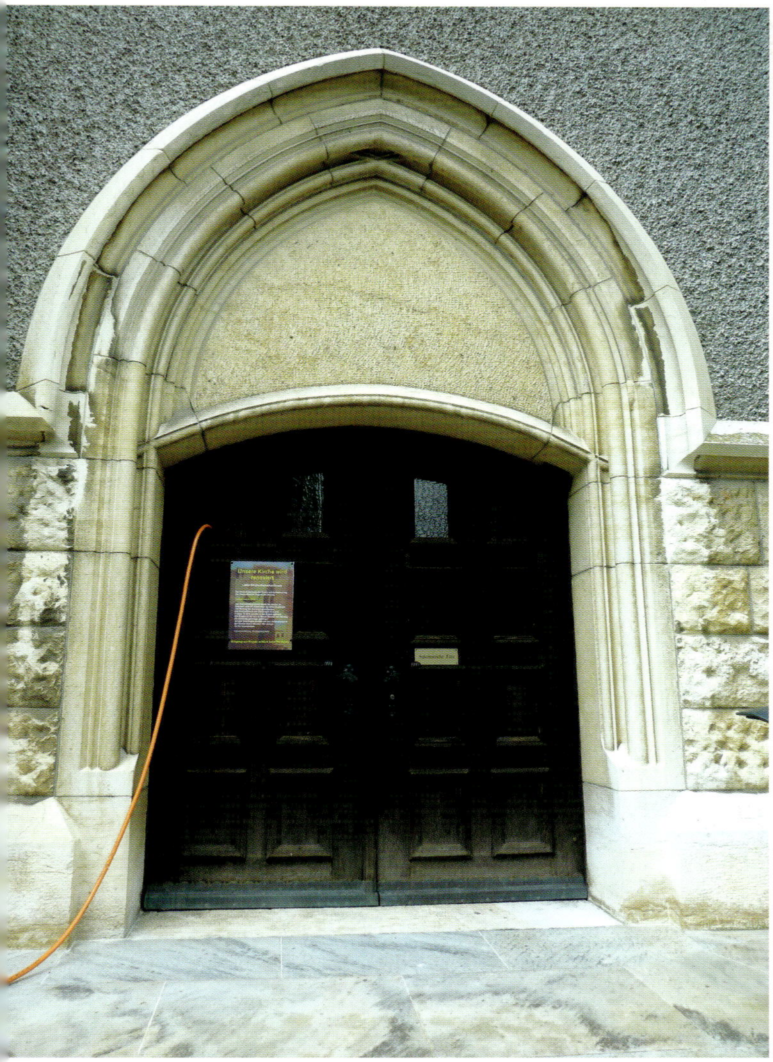

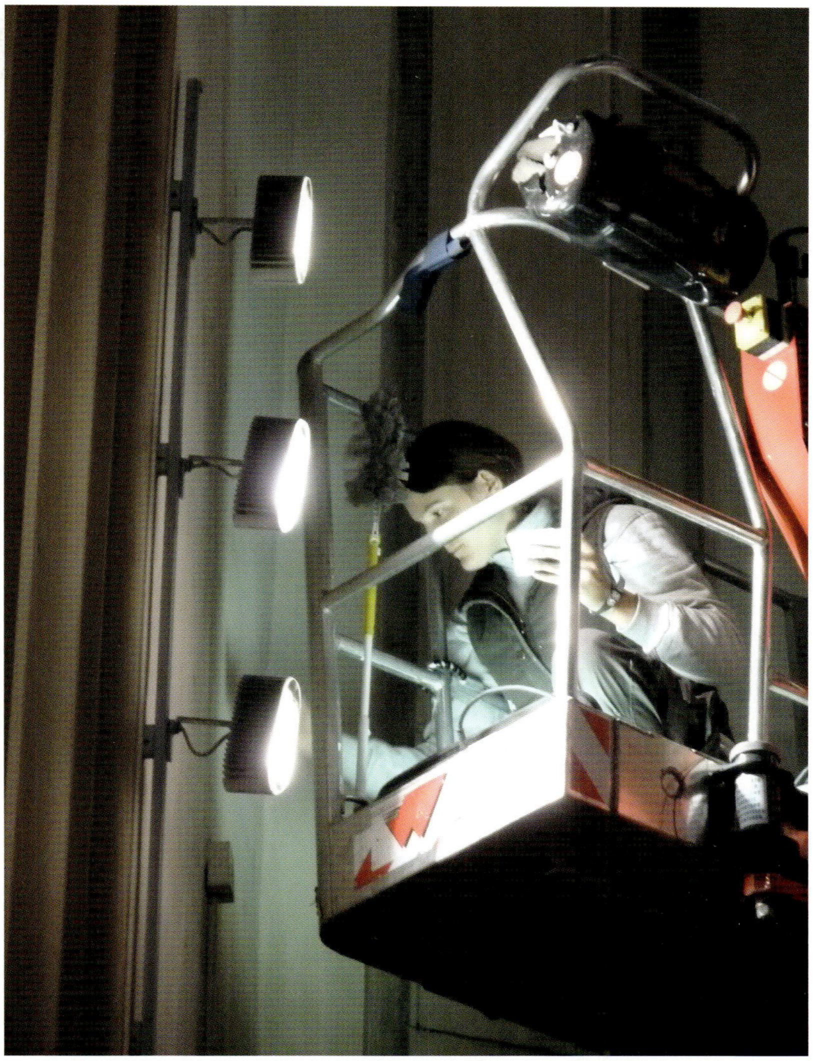

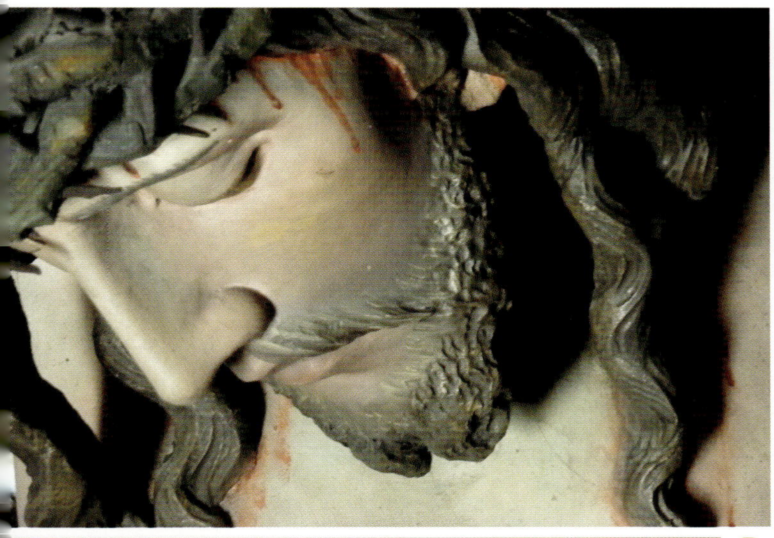

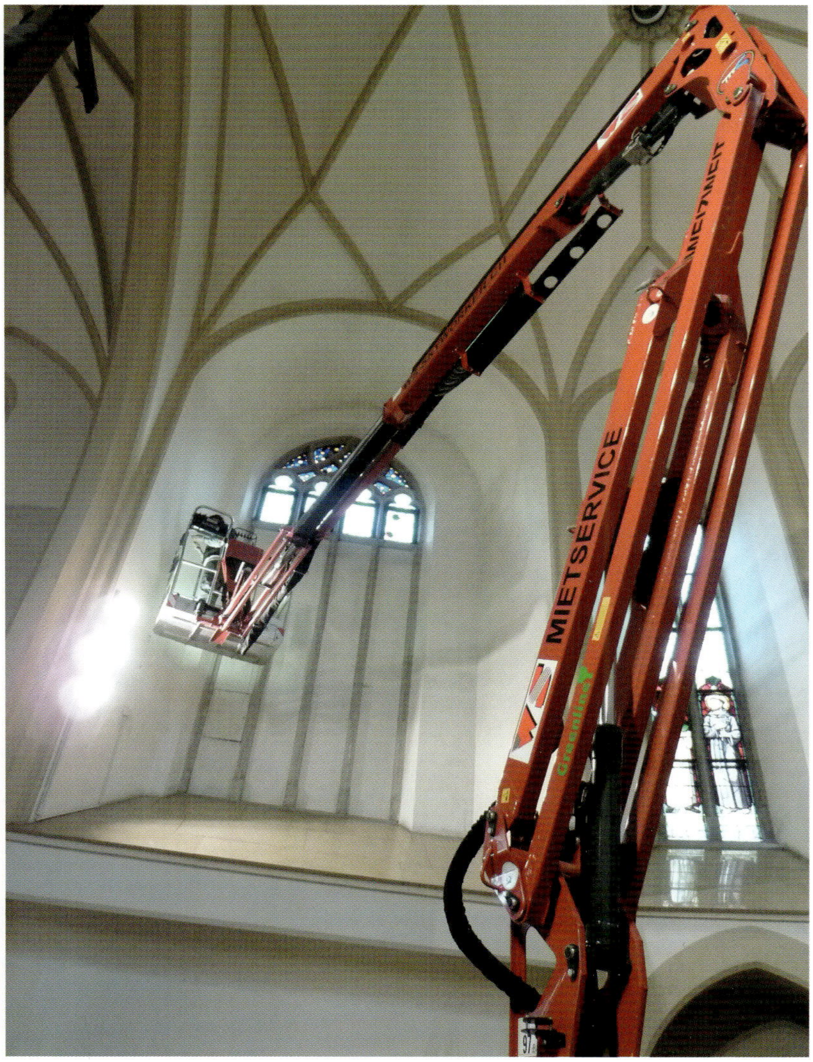
MIETSERVICE

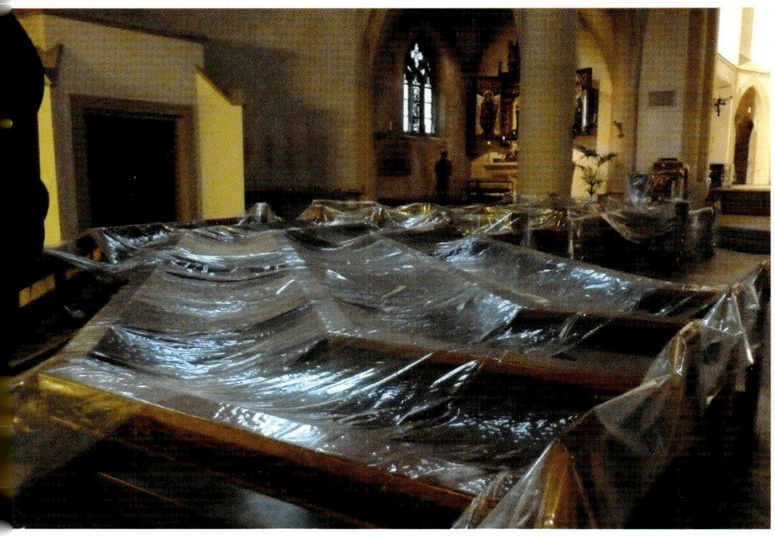

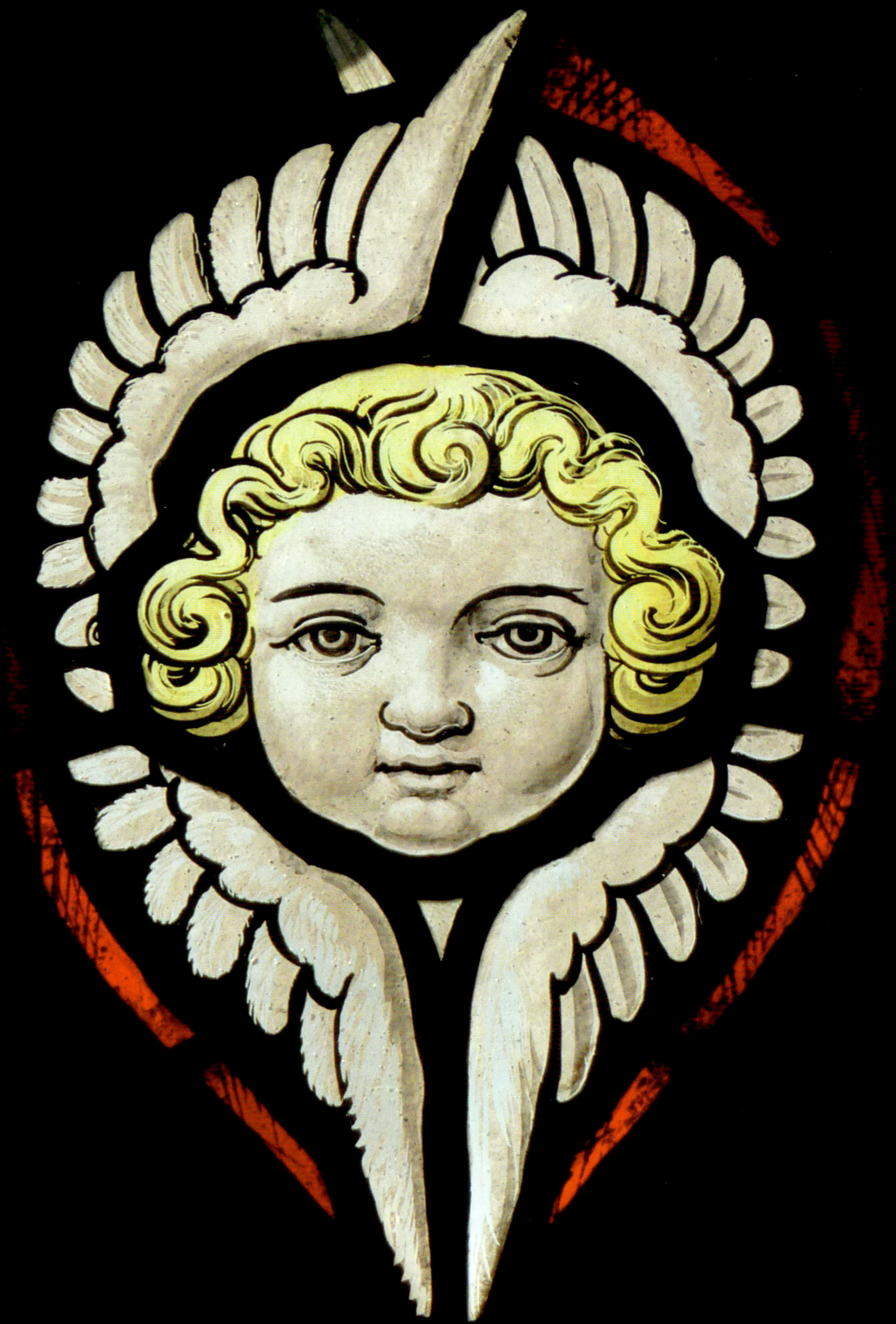

49

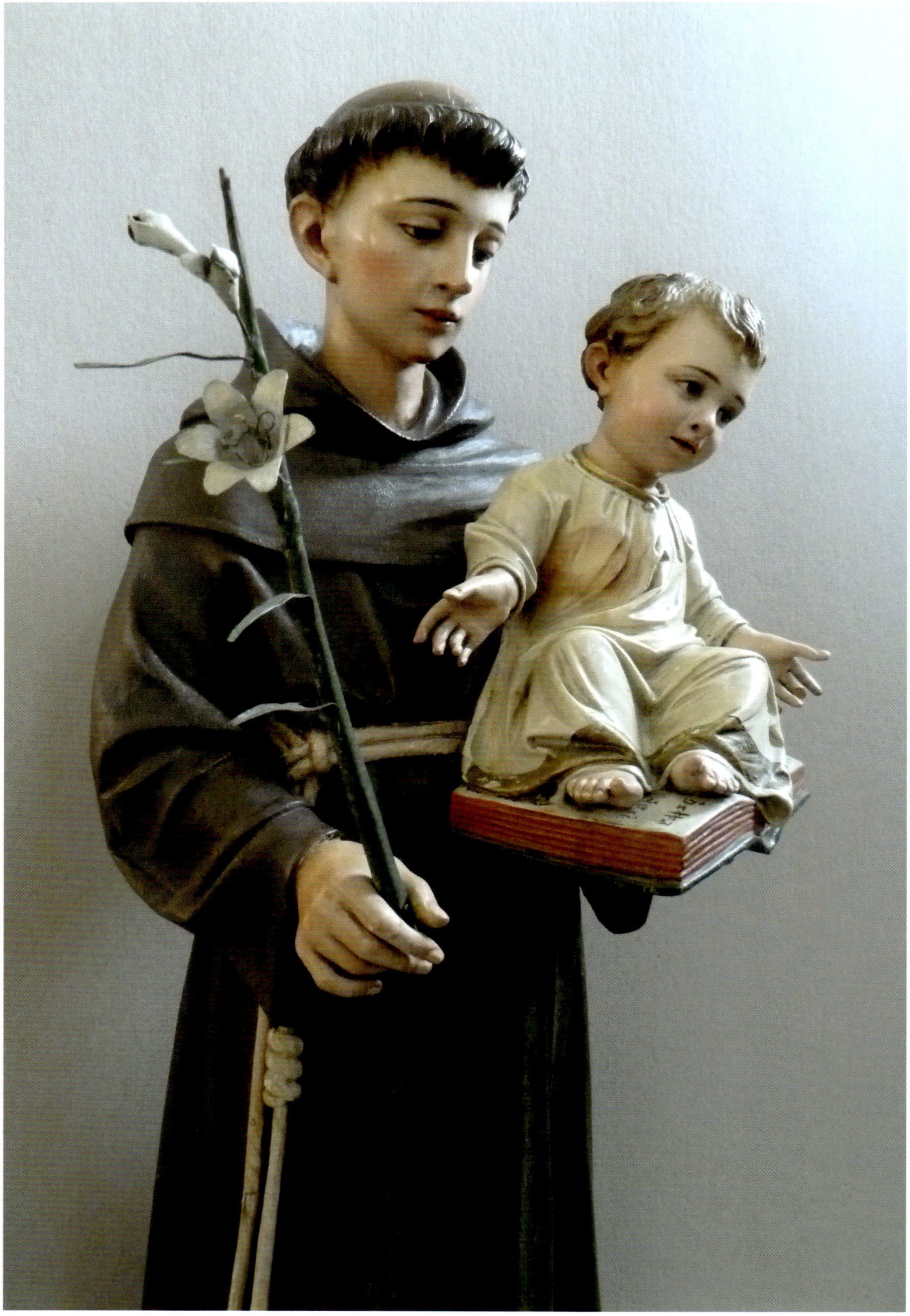

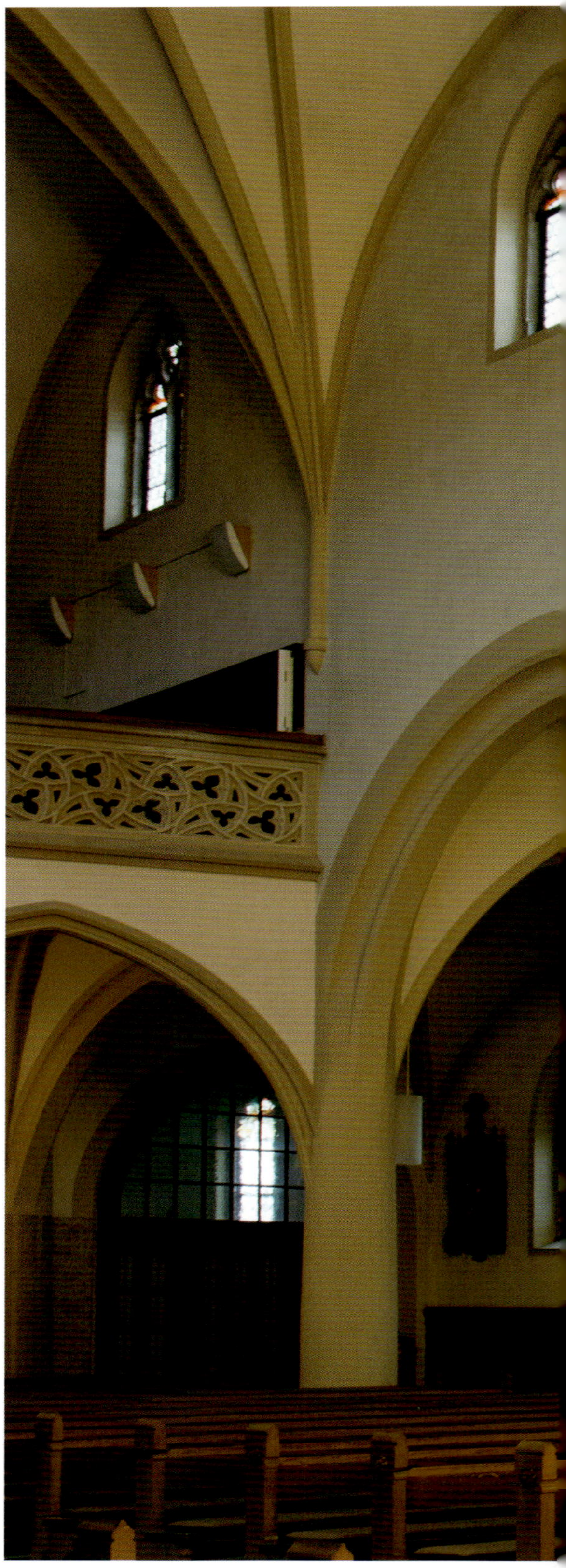

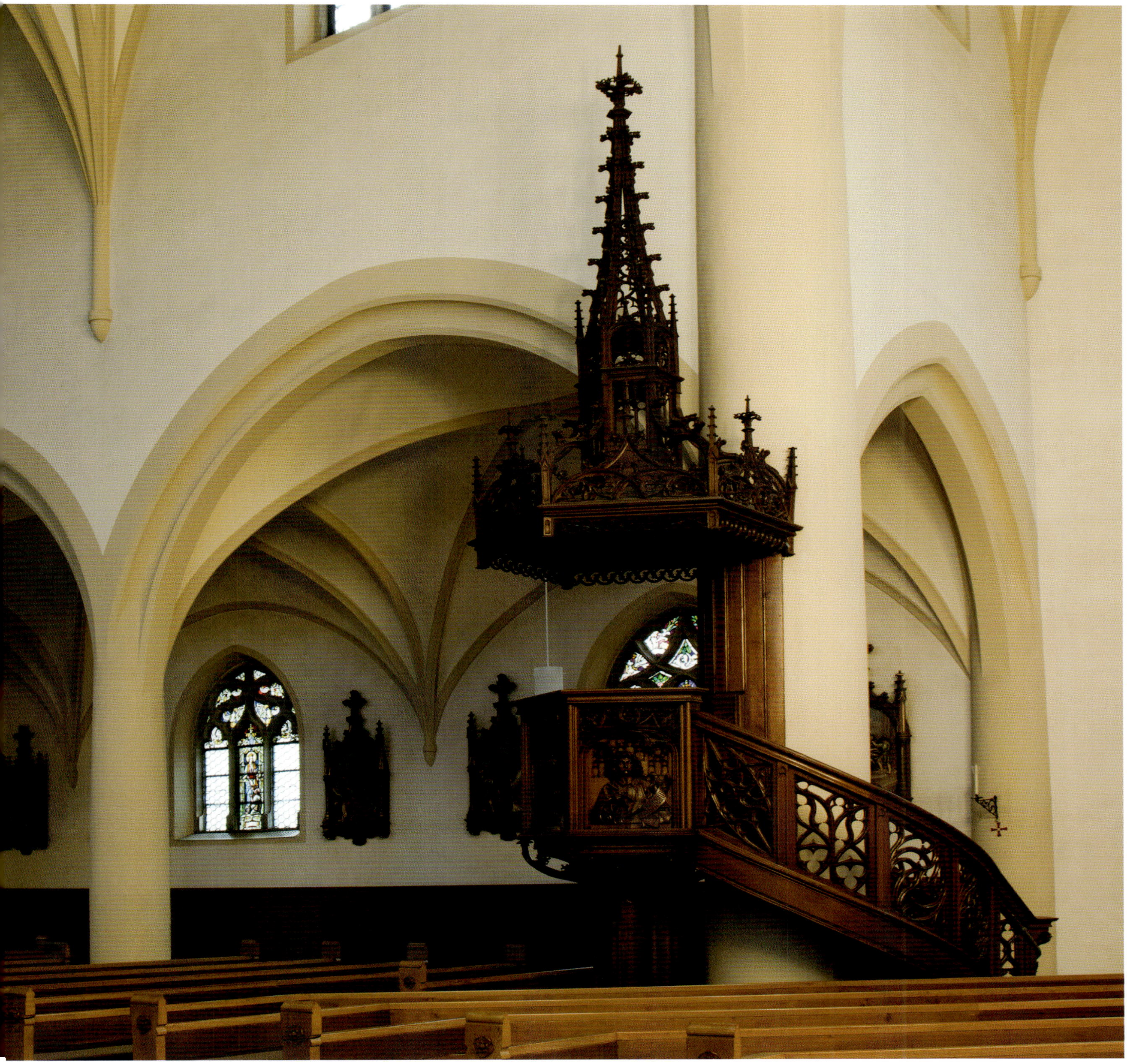

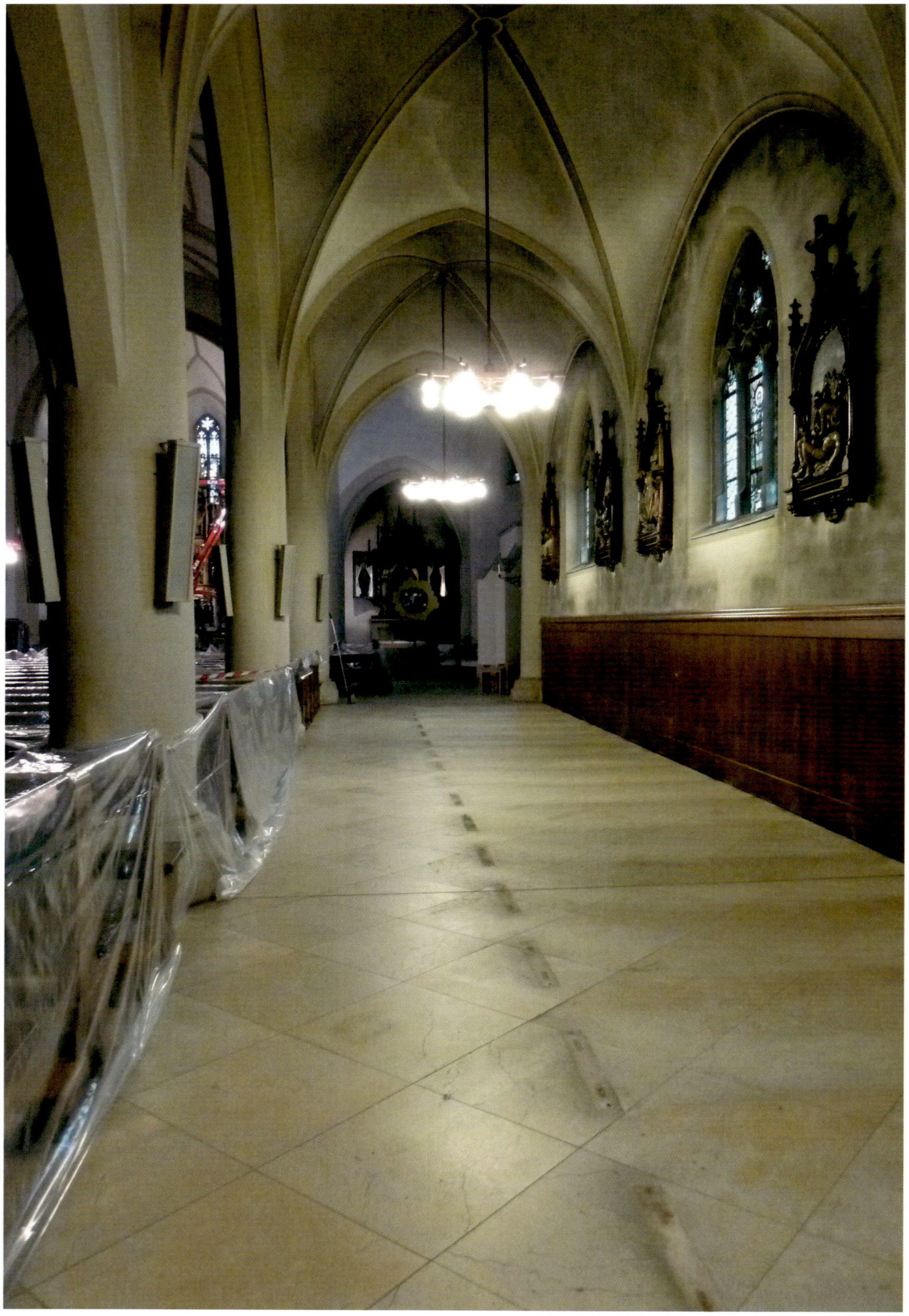

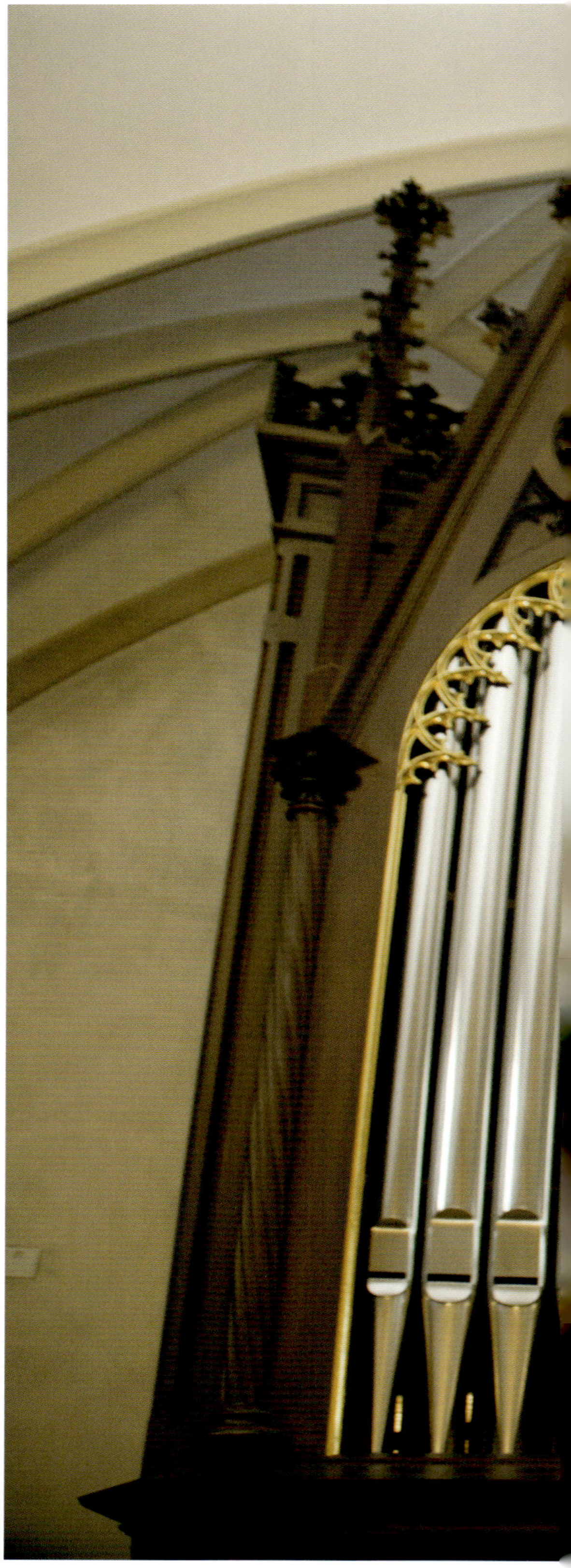

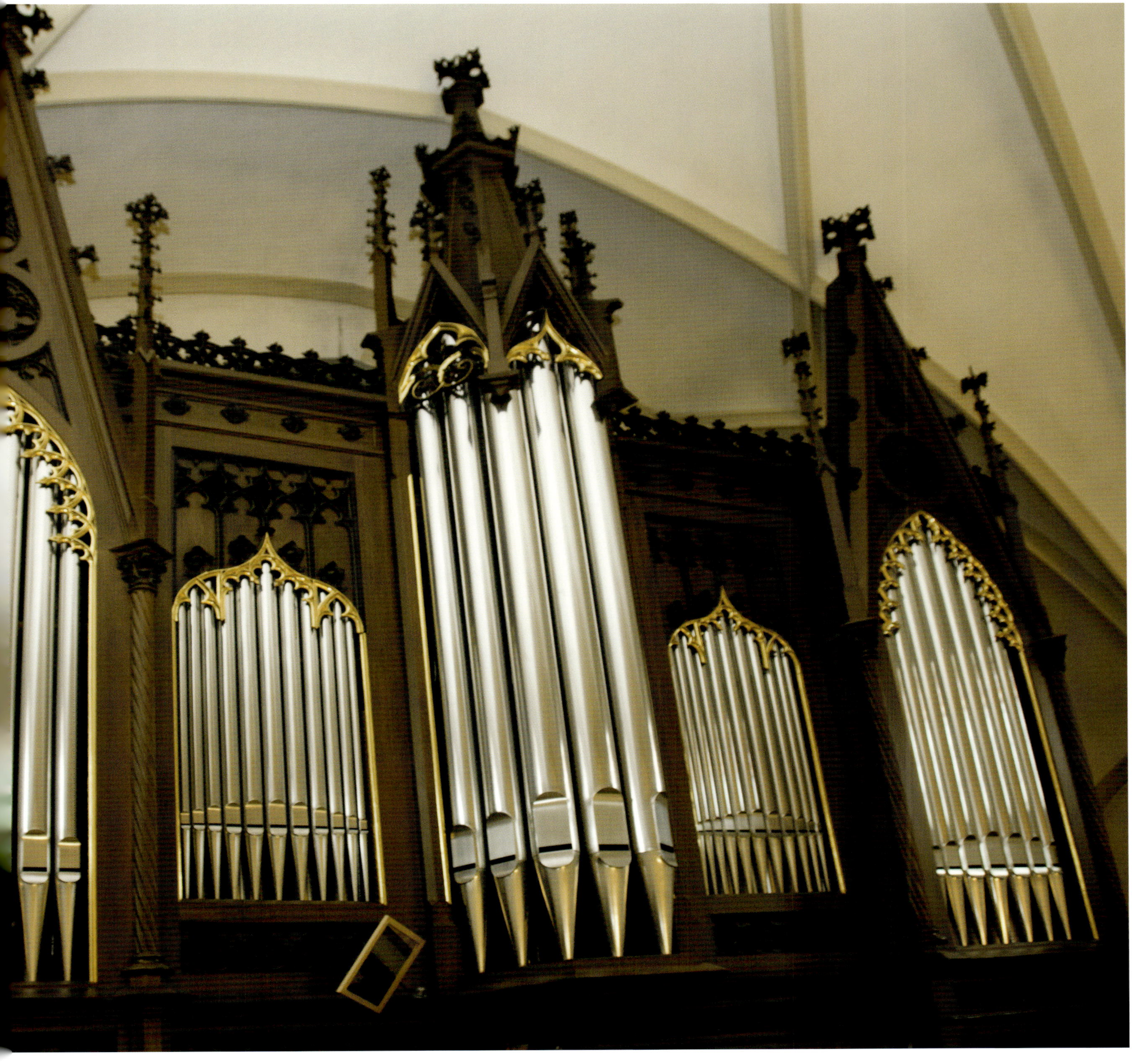

Entwurf zum 100-Jahr-Jubiläumsplakat 2014

Unsere Kirche ist kreativ

Die Künstlerin Bettina Tschanz-Durandi ist gelernte Gestalterin und Innendekorateurin. Seit zehn Jahren ist sie in der Kirchgemeinde Laufen aktiv tätig.

Ihre Kreativität kann sie auf verschiedenen Ebenen in der Herz-Jesu-Kirche einbringen.

Die Mitwirkung im Chor ist eine ihrer Leidenschaften, wo sie sich auf der musikalischen Ebene verwirklichen kann. Sie engagiert sich ebenfalls im Vorstand des Cäcilienvereins. Für die Gestaltung von Gratulationskarten und Einladungskarten, aber auch für Neumitgliederwerbung steht sie hier gerne zur Verfügung.

Plakate für ein Pfarreifest, Einladungskarten oder Weihnachtsdekorationen, Plakatvorlagen für das 100-Jahr-Jubiläumsfest oder Bildgestaltungen im Zusammenhang mit angehenden Firmlingen sind für sie eine Möglichkeit, ihre Begabung in dieser kreativen Kirche einzubringen.

Die Wohnlage von Bettina Tschanz-Durandi bietet zudem eine herausfordernde und malerische Kulisse über die Altstadt Laufens und zudem einen weiten Blick auf die herausragenden Kirchtürme der drei Landeskirchen. Diese Ausgangslage inspiriert die Künstlerin immer wieder aufs Neue in spontaner und spielerischer Malerei, in verschiedenen Techniken, den Kirchturm der Herz-Jesu-Kirche in Szene zu setzen.

Von 2009 bis 2012 war sie Mitglied des Kirchenrats. Ihre Zuständigkeit lag auch da bei ihren Stärken, im Bereich der Gestaltung. Bei der Kircheninnenrenovation 2012 konnte sie ferner ihr berufliches Wissen und ihre Erfahrungen einfliessen lassen.

Bettina Tschanz-Durandi, 2014

Bettina Tschanz-Durandi, 2009

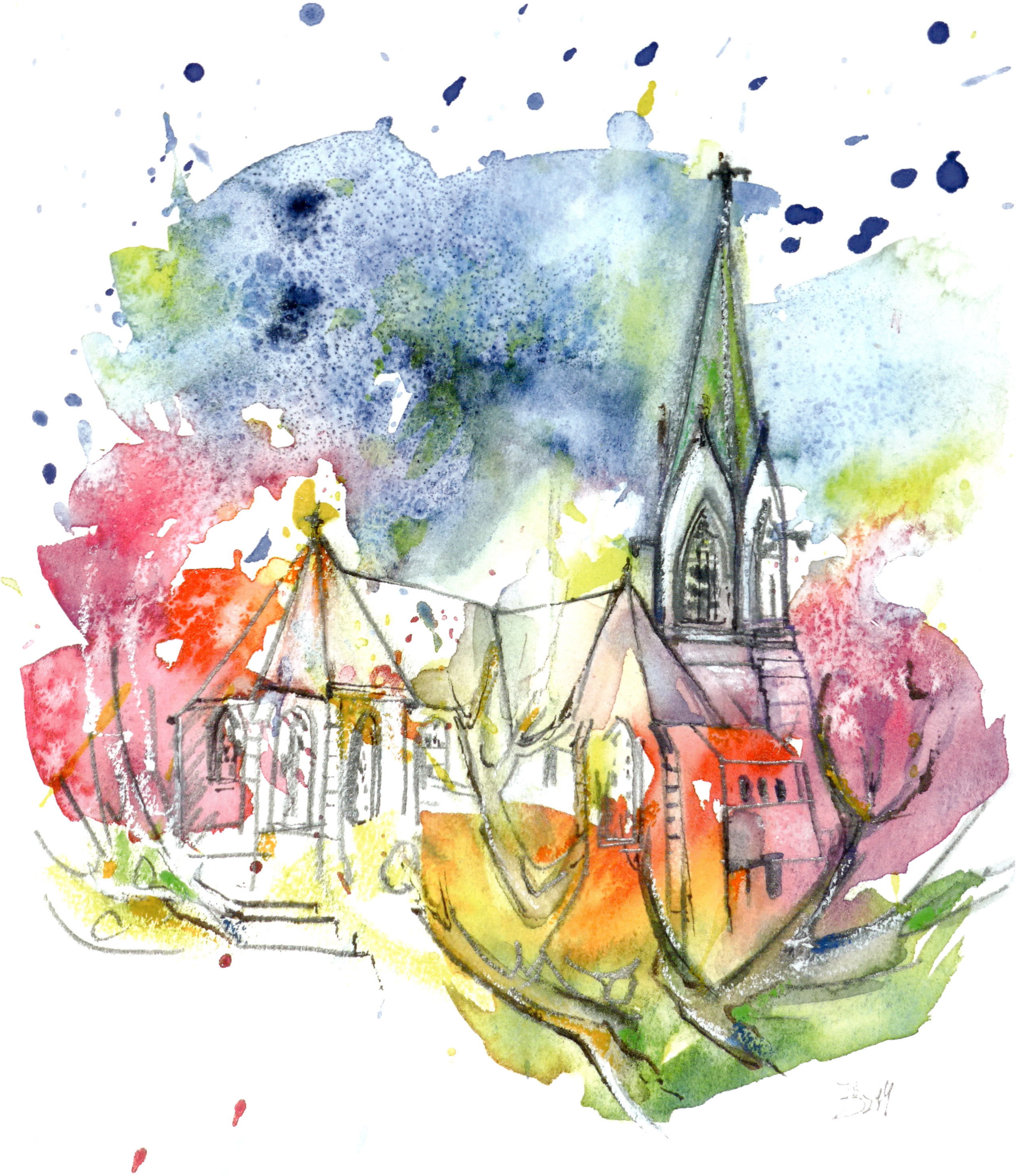

Bettina Tschanz-Durandi, 2007

PFARREI FEST

**SAMSTAG
22. AUGUST 09**

Spielnachmittag: 13 bis 16.30 Uhr
Gottesdienst: 17 Uhr
Festbetrieb mit Abendunterhaltung:
18 bis 2 Uhr

Beim röm.-katholischen Pfarreiheim
an der Röschenzstrasse 39 in Laufen

Entwurf Plakat, 20(

Entwurf Firmbild, 2011

Historische Momente auf einer Zeitreise

Linard Candreia

Kirchengeschichtlich gibt das Städtchen Laufen einiges her. Drei Kirchen prägen das Bild des Ortes wesentlich mit: die St.-Katharinen-Kirche der Christkatholiken in Symbiose mit dem Untertor, ein spätbarocker Bau (1698) mit Rokoko-Stuckaturen und einer exzellenten Akustik, die römisch-katholische Herz-Jesu-Kirche (1914) an der Röschenzstrasse, ein imposanter neogotischer Bau des Luzerner Architekten Wilhelm Hanauer (1854 bis 1930), und die reformierte Kirche (1903) auf dem «Schutzrain» oberhalb des Bahnhofs, ein schicker Bau des Basler Architekten Paul Reber (1835 bis 1908). Die älteste Kirche in Laufen war dem St. Martin geweiht und stand beim heutigen Friedhof (St.-Martins-Kapelle) und ehemaligen Dinghof. Lange Zeit war sie die einzige Kirche im Tal.

Wie an anderen Orten gabs auch für die christliche Gemeinschaft in Laufen Hochs und Tiefs, wilde und weniger wilde Zeiten. Während der Reformation gingen die Laufner zur neuen Konfession über, bis aber in der Gegenreformation unter dem Erneuerer, Bischof Christoph Blarer von Wartensee (1542 bis 1608), und den Jesuiten und Kapuzinern die abtrünnigen Schäflein wieder zurückgeholt werden konnten. Im Dreissigjährigen Krieg (1618 bis 1648) wurde das Tal arg in Mitleidenschaft gezogen, und die Einheimischen mussten auch wertvolle Gegenstände verstecken. Auf dem Bromberg soll laut einer Sage irgendwo unter der Erde eine Glocke versteckt sein. Der bis heute erhalten gebliebene Flurname «Schwedenlöcher» in Dittingen zeugt von dieser wilden Zeit. Ein weiterer prägender Einschnitt: die Franzosenzeit ab 1792, als auch Kirchen nicht mehr sicher vor Plünderungen waren. Am Wiener Kongress von 1814/15 brach das Territorium des Fürstbistums Basel zusammen, das Laufental wurde eidgenössisch und zum reformiert dominierten Kanton Bern geschlagen. Ab den Siebzigern des 19. Jahrhunderts wütete der «Kulturkampf», dem wir hier etwas Platz einräumen wollen. Denn ohne dieses Kapitel würde vielleicht die Herz-Jesu-Kirche aus dem Jahr 1914 nicht dort stehen, wo sie heute steht, und vieles wäre anders gekommen.

Die Staatskirche drängt sich auf

Im Ersten Vatikanischen Konzil von 1869/70 wurde das Unfehlbarkeitsdogma verkündet und damit die absolute päpstliche Autorität beansprucht. Peter Bossart, Gymnasiallehrer und ein profunder Kenner der Laufner Geschichte, schreibt in diesem Zusammenhang im Buch «700 Jahre Stadt Laufen» (Buchverlag Basler Zeitung, 1995):

«Als am Konzil in Rom der Papst für unfehlbar erklärt wurde, spitzte sich die Lage dramatisch zu, Bischof Lachat entliess Priester, die diese Erklärung nicht unterstützten, worauf ihn die Kantone der Nordwestschweiz 1873 absetzten. Bern erklärte die zivile Trauung für obligatorisch und 69 Priester wurden entlassen, weil sie den Entscheid der Diözesankonferenz betreffend die Absetzung des Bischofs nicht akzeptierten.»

In der Folge wirkten im Laufental romtreue Pfarrer vorübergehend im Untergrund und verkehrten öffentlich in ziviler Kleidung. Die Altkatholiken/Christkatholiken, liberal-katholisch gesinnt, wurden hingegen vom Staat Bern gefördert.

Was versteht denn der bekannte Schweizer Historiker Thomas Maissen generell unter dem Begriff «Kulturkampf»? In seinem 2010 erschienenen Band «Schweizer Geschichte im Bild» (hier+jetzt Verlag) bringt er die Thematik der bewegten Zeiten auf den Punkt: «Im Kulturkampf unterstützten freisinnige Kantonsregierungen liberale Katholiken bei der Gründung einer eigenen, Christkatholischen Kirche, die sich dem päpstlichen Unfehlbarkeitsdogma entzog.»

Die Kulturkampfstimmung mehr als gereizt

Die Stimmung in der Bevölkerung war in den Siebzigern des 19. Jahrhunderts auch im Laufental mehr als gereizt. Christian Jecker schreibt in der Festschrift «75 Jahre Herz-Jesu-Kirche Laufen 1914 bis 1989»:

«Eine der Folgen des Kulturkampfes in der zweiten Hälfte des vergangenen Jahrhunderts war die Verdrängung der römisch-katholischen Kirchgemeinde aus der Stadtpfarrkirche. Nach einem vorübergehenden ‹Katakomben-Dasein› wichen die römisch-katholischen Gläubigen vorerst auf eine Notkirche an der Baselstrasse aus, bevor die Katharinenkirche von beiden Pfarreien benützt wurde. Sie drängten in der Folge aber auf eine klar trennbare Regelung: 1907 wurde schliesslich die Katharinenkirche für 15'000 Franken den Christkatholiken überlassen.»

Und Arnold Hänggi, «Lehrer der Stenographie, in Laufen», bringt in seiner 60-seitigen Schrift «Aus der Geschichte des Kulturkampfes im Laufental», 1922 erschienen, noch und noch Beispiele für die damalige aggressive Stimmungslage. Klar, Hänggis Aussagen und Parteinahme für die Römisch-Katholischen sind einseitig, denn bei quasi jedem Streit gibt es zwei Beteiligte, und beide Standpunkte sind in der sauberen Analyse zu berücksichtigen.

Hänggi: «In den Schulen wurden die römischen (röm.-kath.) Kinder auf alle mögliche Weise misshandelt, hintangesetzt, sodass man ohne Übertreibung behaupten kann, die Schulen waren für die römischen Kinder ein Martyrium.»

Dem Schreibenden ist aber auch zu Ohren gekommen, dass Christkatholiken von der anderen Seite noch lange im 20. Jahrhundert beleidigt und gehänselt wurden, so etwa nach dem Muster: «Ihr habt unsere Kirche gestohlen, aber unser Big Ben (grosse Glocke) tönt viel schöner als eure Butterkübel, die einfach nur ‹tschättere›.» (Mündliche Quelle)

Euphorische Stimmung vor der Einweihung der neuen Kirche

Die «Nordschweiz», das Blatt für die Römisch-Katholischen, schreibt am 24. November 1914 im Zusammenhang mit der Einweihung der Herz-Jesu-Kirche euphorisch: «Einer der wichtigsten, aber auch schönsten Tage unserer Pfarrgemeinde (…)», um dann detailliert auf die Vorgeschichte einzugehen, eine «lange und stellenweise harte und schwere Zeit». Die Wunden des Kulturkampfes wirkten noch nach: «Der Kulturkampf bildet auf keinen Fall ein Ruhmesblatt für den Kanton Bern und seinen damaligen Regenten.» Bischof Jacobus Stammler (1840 bis 1925) war einem Tag vor den Festivitäten ehrenvoll empfangen worden: «Er sei willkommen auf heimischem Boden, dem Boden des alten Fürstbistums Basel.»

Jahrelang sei auf den Kirchenbau hingearbeitet worden (eine erste Versammlung fand 1899 statt). Schon im Jahre 1901 hatte Bischof Leonhard Haas (1833 bis 1906) auf dessen Realisierung in fünf Jahren gehofft. Eine Portion Diplomatie und Ausdauer verlangte auch die Platzfrage ab. Und nur mit grössten Efforts kam das nötige Geld zusammen, sodass man mit den Erdarbeiten im Jahre 1912 beginnen konnte. Die meisten Laufentaler Gemeinden spendeten ebenfalls – ein schöner solidarischer Akt und weiterer Beweis dafür, dass die Laufentaler in schwierigen Zeiten zusammenhalten.

Der pompöse neogotische Bau von 1914

Der Schwarzbubenkalender von 1923 (erster Jahrgang), gegründet und redigiert vom bekannten Lehrer und Schriftsteller Albin Fringeli (1899 bis 1993), hebt im Artikel «Zur Glockenweihe in Laufen» (am Stephanstag 1921) den imposanten neogotischen Bau hervor:

«Wer sich von irgendeiner Seite dem Städtchen Laufen zum ersten Mal nähert, der blickt unwillkürlich auf den 65 m hohen Turm der röm.-kath. Kirche. Sie beherrscht nicht nur das Stadtbild, sondern das ganze Laufner Becken.»

Auf die neogotische Architektur bezogen, welche die Vertikale betont, liefert der unbekannte Autor des erwähnten Artikels (mit grösster Wahrscheinlichkeit handelt es sich um Fringeli) gleich eine Interpretation:

«Die alten Baumeister, die ihren Bauten einen aufstrebenden Zug verkörpern wollten, sind gewiss durch den Anblick hochragender Bäume des geliebten Waldes beeinflusst worden. Denn wie im Buchenwald die Stämme, so streben im gotischen Bau die Säulen aufwärts.»

Die kleine «Liesberger Glocke» bekam fünf grosse Geschwister

«Der Krieg verzögerte die Anschaffung eines Geläutes», heisst es weiter im Schwarzbubenkalender von 1923. Eine kleine Glocke, ein Geschenk der Liesberger an die römisch-katholischen Laufner in der Kulturkampfzeit und für die Notkirche an der Baslerstrasse bestimmt, wurde weitere sieben Jahre lang stark beansprucht, einsam und alleine in einem übergrossen Glockenturm. Im März 1919 verunfallte sie sogar: Ein heftiger Sturm fegte, die Glocke wurde zum Turm hinausgeworfen und fiel rund 40 m in die Tiefe! Und niemand kam zu Schaden, weder Mensch noch Glocke. «Vier kräftige Männer brachten den Ausreisser wiederum treppaufwärts an seinen alten Standort, gaben ihm jetzt aber vorsichtshalber eine bessere Aufhängung.» (Leo Jermann/Festschrift «75 Jahre Herz-Jesu-Kirche Laufen», 1989)

Am Stephanstag 1921 wars dann so weit: «Die Freude war gross, als die fünf Glocken in Laufen ankamen. Sie wurden geschmückt und durch das Städtchen geführt, dann vor der Kirche aufgehängt. (…) Aufzug der Glocken durch die gesamte Laufner Schuljugend.» Die fünf Glocken wiegen zusammen 8,242 Tonnen (ohne die kleine Liesbergerin/300 kg, die aber auch heute noch neben den grossen Geschwistern ihre Präsenz markiert) und sind dem Herzen Jesu, der St. Katharina von Siena, dem St. Martin von Tours, dem Josef und der Maria gewidmet.

Aufbruchstimmung nach dem Zweiten Vatikanischen Konzil

Ein Ereignis, das die römisch-katholische Kirchgemeinde Laufen nachhaltig geprägt hat, ist zweifelsohne das Zweite Vatikanische Konzil unter Papst Johannes XXIII. Pfarrer Alois Vogt schreibt im Vorspann seines Artikels «Das

Konzil – eine Gnade für die Menschheit» (Festschrift 75 Jahre Herz-Jesu-Kirche):

«Die Sechzigerjahre waren eine äusserst bewegte Zeit. Stürmische Entwicklungen waren getragen von ungebändigtem Glauben an die Technik und die Möglichkeiten der Menschen. 1962 erlebte auch die Kirche einen grossen Aufbruch. Im Zweiten Vatikanischen Konzil fielen Entscheide von grosser Tragweite, welche die Zukunft der Kirche nachhaltig prägten.»

Das Zweite Vatikanische Konzil mit seiner Liturgiereform und Aufbruchstimmung ebnete unter anderem auch den Weg zur Ökumene. 1966 fand erstmals ein gemeinsamer Gebetsgottesdienst mit allen drei Konfessionen im Sekundarschulhaus statt. Das Konzil löste auch bauliche Veränderungen aus. Giuseppe Gerster, der bekannte Laufner Architekt, schreibt in seinem Artikel unter dem Titel «Liturgieerneuerung erforderte Renovation» in der erwähnten Festschrift:

«Am 10. März 1975 beschlossen die Pfarreiangehörigen erstmals eine grössere Investition. Für 783'000 Franken sollte das Innere saniert, eine Bodenheizung eingebaut und für einen Kredit von 201'000 Franken der Rohbau einer Unterkirche (Krypta) erstellt werden. Der unmittelbare Anlass war die Liturgieerneuerung im Anschluss an das Konzil Vatikan II. Der Altar soll an einem ausgezeichneten Ort stehen und so gestaltet sein, dass in würdiger Form die heilige Messe gefeiert werden kann.»

Pfarrer Hans Rudolf Zeier schreibt zur Liturgiereform unter dem Titel «Das Konzil als Wegweiser» (in der erwähnten Festschrift):

«Mit dem II. Vatikanischen Konzil trat eine entscheidende Liturgiereform in Kraft. Neben der Einführung der Muttersprache begann man auch zum Volk hin gerichtet zu zelebrieren. So wurde im Chorraum ein sogenannter Volksaltar und ein Ambo (ein erhöhtes Pult) aufgestellt.»

Unter das Kapitel «Aufbruchstimmung» fällt auch die Einführung des Frauenstimmrechts in der Kirchgemeinde im Jahr 1969. (Auf eidgenössischer Ebene fiel der Entscheid erst 1971!)

Ab Ende der Sechziger: kein «Grosser Umgang» mehr

Prozessionen bleiben im Gedächtnis der Gläubigen verankert. Erwachsene erinnern sich gerne oder weniger gerne daran, wie es während ihrer Kindheit diesbezüglich zu- und hergegangen ist. Fest in der Laufner Bevölkerung verankert sind die Fronleichnamsprozession und der Grosse Umgang am drauffolgenden Sonntag. (Siehe Details im Kapitel «Herz und Volksfrömmigkeit» von Dr. Urs Jecker.) Die folgenden persönlichen Erinnerungen an den

Grossen Umgang, der Ende der Sechziger abgeschafft wurde, runden die «Historischen Momente auf einer Zeitreise» ab.

*Maria Jermann (*1940):* «Schon Tage vor dem grossen Umgang waren wir als Kinder damit beschäftigt, Wald und Wiesen nach Blumen und Farnen (Farekrut) abzusuchen. Wir wollten unseren Anteil Trottoir im Stedtli so schön wie möglich herausputzen, zu Ehren des Heilands, wenn er in der Monstranz vorbeigetragen wurde. Es war Brauch, dass da und dort die kleineren Kinder mit gefalteten Händen davor knieten, bis die ganze lange Prozession vorbeigezogen war. Das war für mich als Kind ein Horror. Ich schämte mich, weil all diese vielen Leute mich angafften.»

*Josef Kohler (*1927):* «Der Grosse Umgang war am Sonntag nach Fronleichnam das vorverschobene Herz-Jesu-Fest (Patroziniumsfest). Bis fünf Stunden verbrachten wir in der Kirche, am Morgen und am Nachmittag mit der anschliessenden Prozession, die so um vier Uhr zu Ende ging. Der grosse Umgang war immer etwas Besonderes. Eine Menge Leute gabs, teilweise nahmen sogar zwei Musikvereine teil. Ein Kapuziner hielt jeweils nach der Vesper die Predigt. Wir hatten die Kapuziner nur dann gerne, wenn sie nicht zu lange predigten.»

*Franz Hamann (*1937):* «Das war immer ganz schön. Ich habe es als Ministrant erlebt, als Pfadi St. Martin, ab fünfzehn als Kirchenchorsänger und später als Kirchgemeinderat, der den Himmel (Baldachim) tragen durfte, unter dem der Pfarrer mit der Monstranz lief. Es war etwas Ehrenvolles, Religiös-Festliches. Jeder hat jeden gekannt, ein richtiges, würdevolles Bekenntnis zu meiner Weltanschauung.»

*Mathilde Dalla Vecchia (*1925, von Wahlen):* «Me isch uf Laufe go luege, nicht in der Prozession mitgelaufen, wir sind nur in einer Ecke gestanden. Meine Cousins sind mit dem Leiterwagen nach Laufen. Dort spielte nicht nur die Laufner Musik, sondern auch Musikvereine aus den Dörfern wurden eingeladen. Es war eine grosse Sache, ehrlich. Mädchen haben Blumen aus ihren Körben gestreut. Die Altäre waren wunderschön, man hat viel dafür gearbeitet. Der Maler Joseph Isler hat jedes Jahr den Boden mit bemalten Steinen verschönert.»

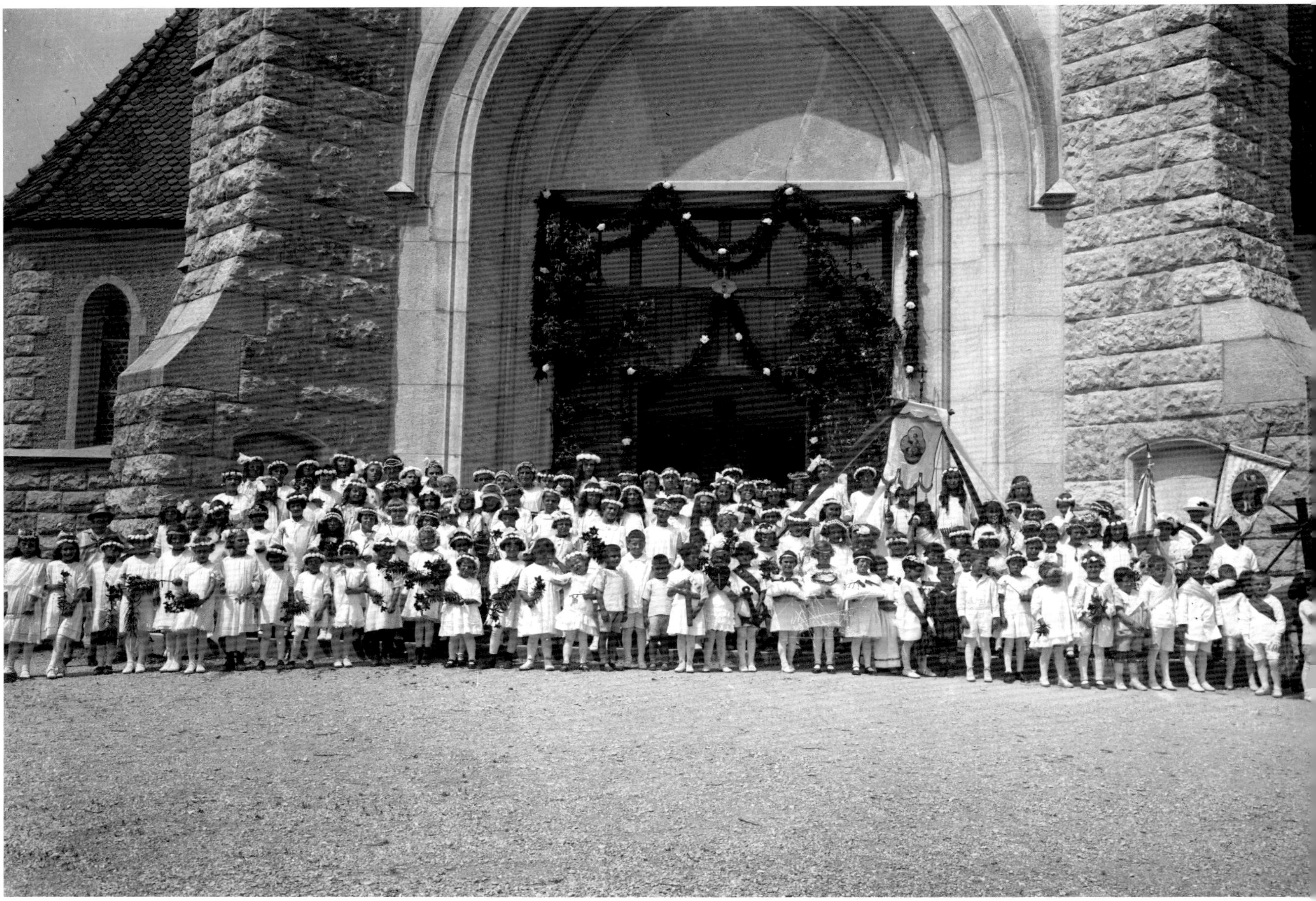

1914

Ankunft der Glocken in Laufen, 24. Dez. 21

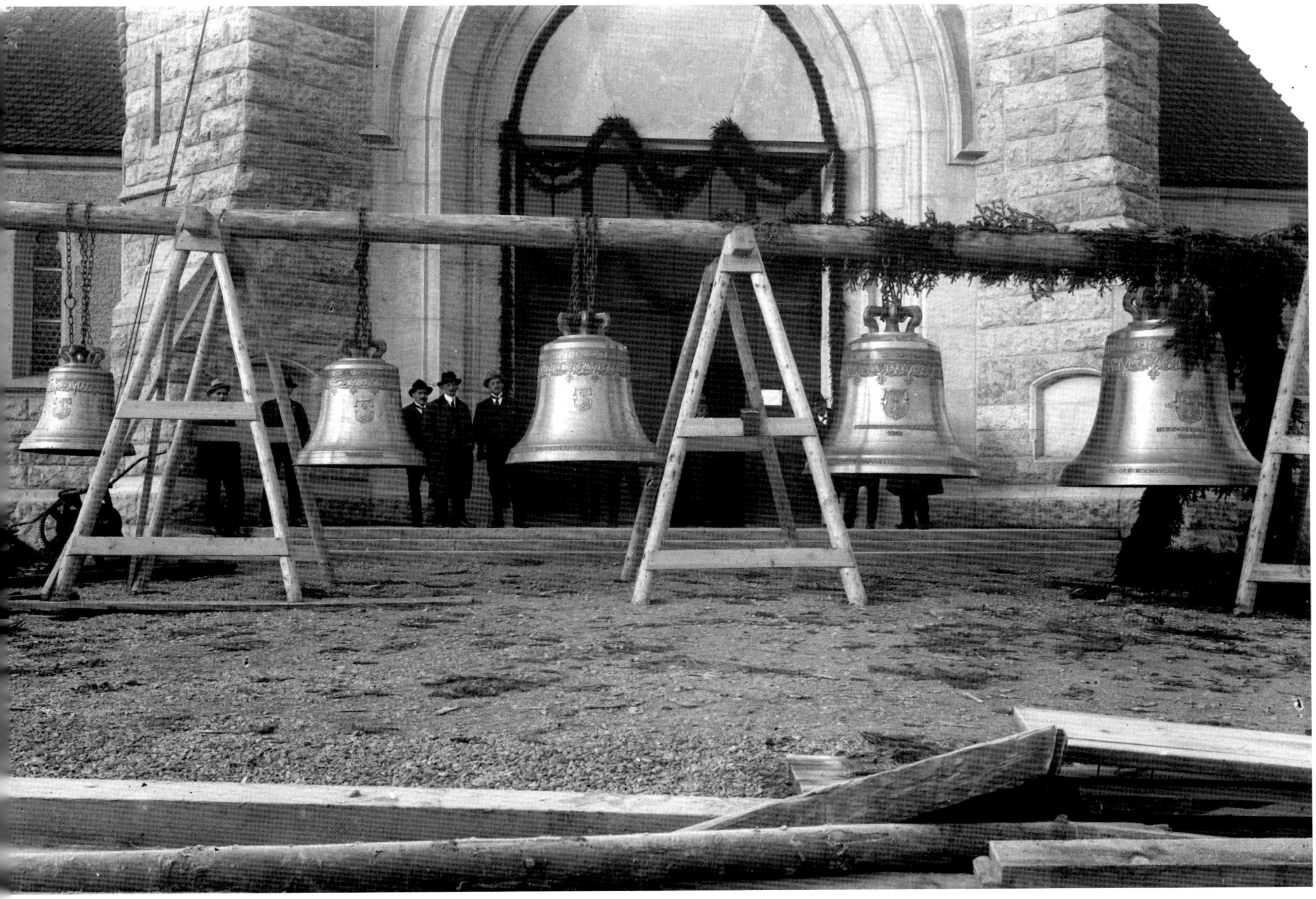

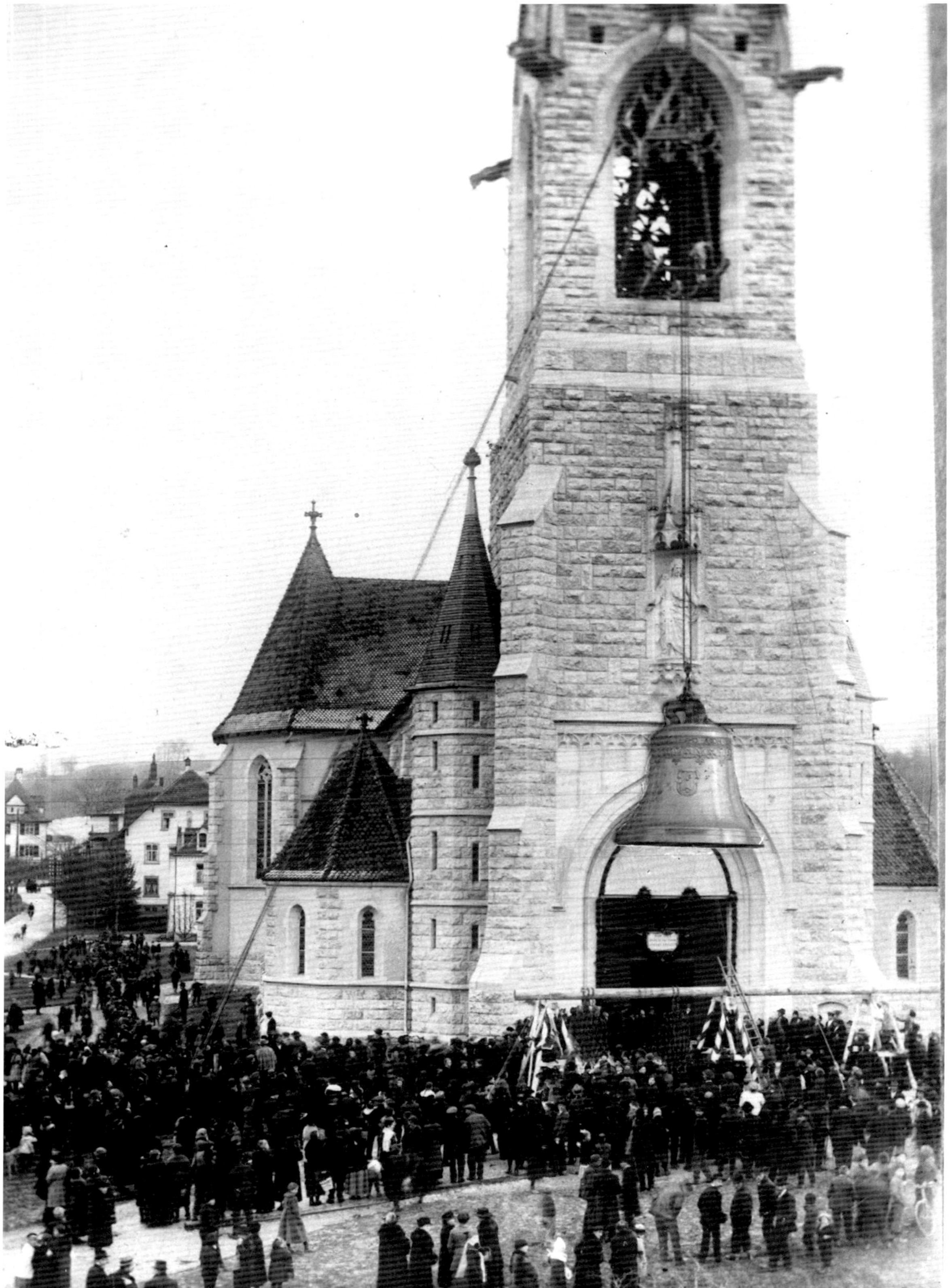

Probeläuten

des neuen Geläutes
der römisch-kathol. Herz Jesu-Kirche
in Laufen

Samstag den 31. Dez. 1921

nachmittags präzis 1½ Uhr

Programm:

1. Besammlung der eingeladenen Personen und der übrigen Teilnehmer in der Kirche.
2. Orgelvortrag: Grand jeux von Guilmant, Prüfungsexperte Herr Musikdirektor Frei (Sursee).
3. Ave Maria. Sopran-Solo, Violine und Orgel v. P. Theodor Grau.
4. Psalm 95. Duett für Sopran und Tenor v. Mendelssohn.
5. Probeläuten.
6. Ausfahrt auf verschiedene Punkte zur Anhörung der Fernwirkung.

☞ Die Besichtigung der Anlage muß aus technischen Gründen um 8 Tage verschoben werden.

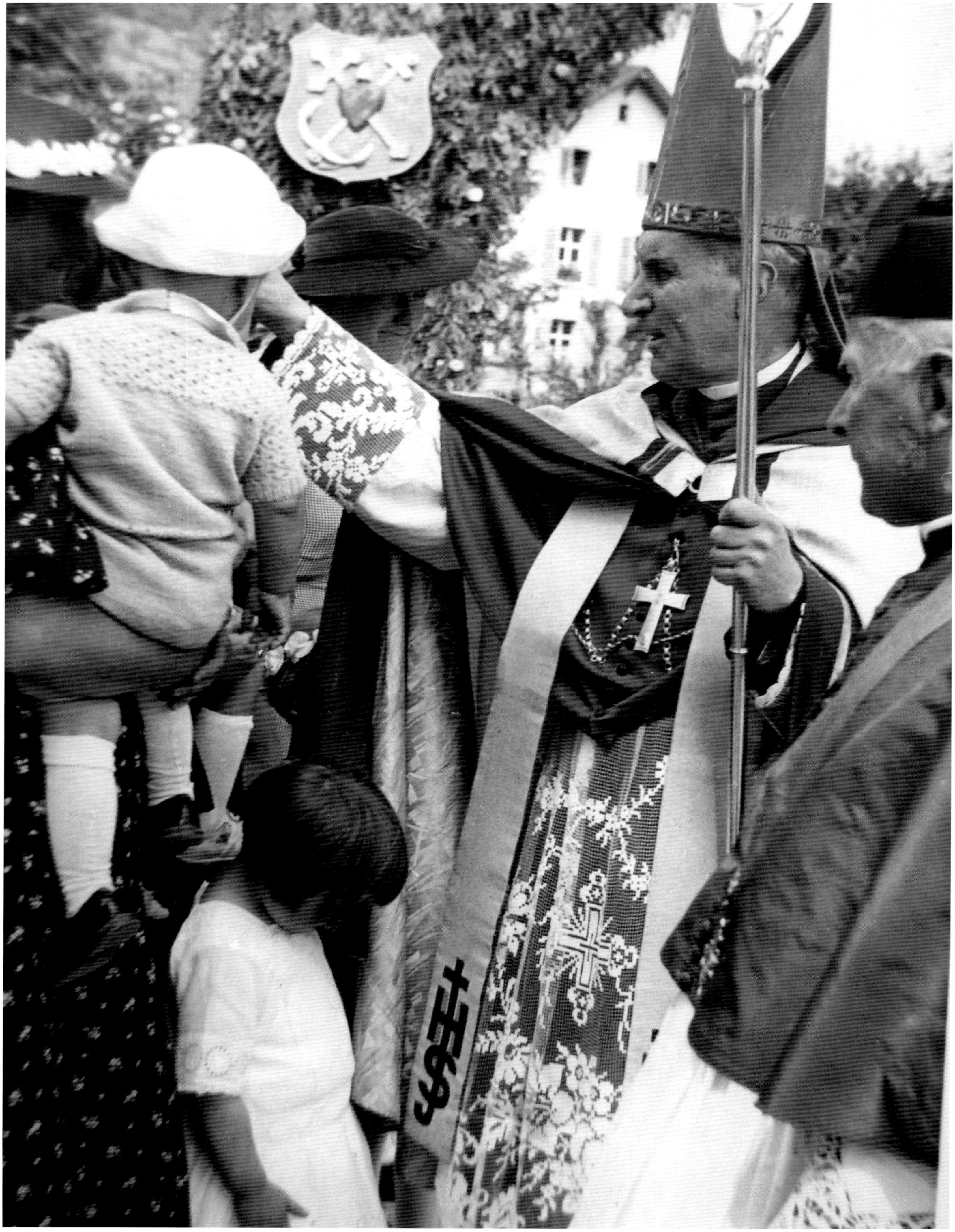

Der Bischof ist auf Besuch, ein seltenes Ereignis! Er ist nie allein, immer umzingelt, umschwärmt – beinahe wie ein König. Und immer wieder fallen die Wörter «Hochwürdiger Herr Bischof!»

Den Kindern zeichnet er mit der einen Hand ein Kreuz auf die Stirn. In der anderen Hand hält er seinen langen, gekrümmten Stab.

«Ich aber, die kleine Klara, schaute lieber auf den Boden», erinnert sich die Protagonistin heute zurück und just in diesem Augenblick drückte der Fotograf ab.

Begegnungen mit dem Bischof bleiben unvergesslich, damals wie heute.

Franziskus von Streng, Bischof von Basel (1936 bis 1967), in Laufen an Fronleichnam oder am Grossen Umgang, 1940

Die vielen Gesichter unserer Pfarrei

Kurt Hamann (Fotos), Thomas Immoos (Texte)

Pfarreiforum | Das Pfarreiforum ist eine Art Vereinskartell aller Gruppen und Organisationen, die innerhalb der Pfarrei tätig sind. Jede Gruppe entsendet einen oder zwei Delegierte in dieses Gremium. Wir pflegen einen regen Gedankenaustausch mit der Gemeindeleitung und können Anregungen einbringen, wie die Kirche während der Advents- und Weihnachtszeit und bei anderen Anlässen gestaltet werden soll.

Christina Kohler-Imhof (*1962), Mitglied des Pfarreiforums und OK-Präsidentin des Jubiläumsfestes «100 Jahre Herz-Jesu-Kirche Laufen»

Tischlein-deck-dich | Die Frauengemeinschaft und weitere freiwillige Helferinnen sind verantwortlich für «Tischlein-deck-dich». Jeden Donnerstag steht die Abgabestelle im Pfarreisaal ab 14 Uhr für eine Stunde offen. Die Bedürftigen – Schweizer wie Ausländer – aus dem Laufental und Thierstein können frisches Obst und Gemüse, Brot und andere Lebensmittel beziehen, wofür sie symbolisch einen Franken bezahlen.

Margrit Aeschi (*1958) ist seit zwei Jahren für die Organisation von «Tischlein-deck-dich» in Laufen zuständig

Kolpingfamilie | Die Kolpingfamilie Laufen wurde 1920 gegründet. Wir treffen uns jährlich zu verschiedenen Gottesdiensten und Andachten. Heute liegt der Schwerpunkt des Kolpingwerks bei der Entwicklungszusammenarbeit, unter dem Motto «Hilfe zur Selbsthilfe». Dabei werden vor allem Projekte in Lateinamerika, Afrika und Asien mitfinanziert. In der Schweiz unterstützen wir insbesondere Bergbauernfamilien.

Cyrill Frey (*1938) ist seit 35 Jahren Präsident der Kolpingfamilie Laufen

Frauengemeinschaft | Die Frauengemeinschaft schätzt das gesellige Beisammensein. Zu unseren Aktivitäten gehören u.a. Ausflüge, Stadtrundgänge in der Schweiz und eine jährliche Vereinsreise. Zudem pflegen wir die Meditation. Weiter sind wir an verschiedenen Pfarreianlässen aktiv. Unsere Gemeinschaft steht Frauen aller Konfessionen offen. Die Frauengemeinschaft ist verantwortlich für das Projekt «Tischlein-deck-dich».

Bernadette Bärtschi (*1959), Präsidentin der Frauengemeinschaft seit vier Jahren

Fiire mit de Chliine | «Fiire mit de Chliine» sind Gottesdienste für Kinder im Alter von drei bis sieben Jahren. Mit Gesang, Gebet und Geschichten möchten wir den «Kleinen» die Kirche vertraut machen und den Glauben mit seinen christlichen Werten näherbringen. «Grosse» Themen versuchen wir kindgerecht umzusetzen, und die Kinder dürfen in diesen Feiern Gemeinschaft erfahren.

Simone Jermann (*1976) mit Tochter Emilia, seit einem Jahr Mitglied des Teams «Fiire mit de Chliine»

Frohes Alter | Das Team des Frohen Alters organisiert Anlässe für Seniorinnen und Senioren von Laufen. Wir jassen, spielen Skipbo oder machen Ausflüge. Am Schmutzigen Donnerstag gibt es jeweils einen Fasnachtsanlass. Wir treffen uns alle 14 Tage im Pfarreiheim. Dieses Jahr feiern wir das 40-jährige Bestehen. Mein Wunsch zum Jubiläum: dass mehr Männer bei uns mitmachen.

Margot Imark-Baschung (*1943), Organisatorin von Frohes Alter seit acht Jahren

Liturgiegruppe | Zu den Hauptaufgaben der Liturgiegruppe gehören das Vortragen von Lesung und Fürbitten sowie die Mithilfe bei der Kommunionsspendung. Gelegentlich wirken wir auch bei der Gottesdienstgestaltung mit. Für uns ist die Kirche ein Stück Heimat. Wir sind dankbar, dass wir im liberalen Bistum Basel tätig sein können, wo auch Frauen und Laien wertvolle Dienste leisten dürfen.

Pia Hübscher Schmidlin (*1959) und Kilian Schmidlin-Hübscher (*1958), Mitglieder der Liturgiegruppe seit etwa 20 Jahren

Paarzeit | Die Gruppe Paarzeit (PaZ) entstand aus den Ehevorbereitungskursen der Pfarrei. Wir treffen uns monatlich zu Gesprächen über Beziehung und Partnerschaft. Die Paare übernehmen abwechselnd die Verantwortung für die Durchführung dieser Treffen. Dazu laden wir ab und zu auch Referenten ein, die uns besondere Themen nahebringen, wie z.B. Persönlichkeitsentwicklung, gewaltfreie Kommunikation oder gemeinsam älter werden.

Renate Jermann (*1966) und Roland Hübscher (*1956) sind beide seit über zwanzig Jahren in der Gruppe PaZ engagiert

Blauring | Als Scharleiterin des Blaurings bereite ich die Hocks vor und plane – gemeinsam mit den anderen Leiterinnen – die Jahresaktivitäten. Dazu gehören insbesondere drei bis vier Scharanlässe und das Sommerlager. Mit den 7- bis 15-jährigen Mädchen basteln, spielen und kochen wir. Zudem finden zahlreiche Anlässe im Freien statt. Wir haben uns gegen das grosse gesellschaftliche Angebot für Kinder und Jugendliche zu behaupten.

*Nadine Bärtschi (*1988), Scharleiterin Blauring seit fünf Jahren*

Ministranten | Mit anderen zusammen bilde ich Ministrantinnen und Ministranten aus. Wir zeigen ihnen den Ablauf eines Gottesdienstes und worauf sie besonders achten sollen. Für hohe Feste üben wir besonders. Regelmässig treffen wir uns ausserdem zu Ministrantenhöcks. Zwei- bis dreimal jährlich frischen alle Ministrierenden ihr Wissen auf. Gelegentlich gibt es auch spezielle Anlässe und einmal im Jahr eine Ministrantenreise.

*Julia Hildesheim (*1994), seit drei Jahren Mitverantwortliche für die Ministrantenausbildung*

Firmbegleitung | Wir Firmbegleiterinnen und Firmbegleiter kommen mit den Firmlingen zusammen und organisieren Anlässe, an denen den Jugendlichen die Bedeutung der Firmung nähergebracht wird. Es bedeutet uns viel, den Glauben an junge Menschen weitergeben zu können. Dies tun wir etwa mit einem Quiz über Jesus oder mit Gesprächen über das Gottesbild. Zur Firmvorbereitung gehört auch ein Treffen mit dem jeweiligen Firmspender.

*Rosetta Esteriore (*1958) und Vito Ferrara (*1981), Mitglieder des Firmbegleitungsteams*

Kirchenmusik | Ich bin als Organist zuständig für die musikalische Gestaltung des Gottesdienstes. Damit stehe ich gewissermassen zwischen Wort, Theologie und Musik. Wichtig sind auch die Gespräche darüber mit dem Seelsorgeteam und dem Chorleiter. Bei der Auswahl der Musik bemühen wir uns, Altes mit Neuem zu verbinden. In der Liturgie soll eine Art Dialog entstehen zwischen Kirchenschiff und Empore, zwischen Wort und Musik.

*David Rumsey (*1939), Organist in der Herz-Jesu-Kirche seit 10 Jahren*

Chorisma | Ein charismatischer Chor! Das Repertoire umfasst Gospels, lateinamerikanische und afrikanische Gotteslieder wie auch Lieder aus Rock und Pop. Als Dirigentin kümmere ich mich um die Liedauswahl. Die Lieder sollen Mut machen und zum Denken anregen. Chorisma tritt auch ausserhalb der Kirche auf, etwa am «Christchindlimärt», in Altersheimen oder andern Institutionen.

*Gabriela Buser-Lanter (*1972), seit drei Jahren Dirigentin und Leiterin von Chorisma (links im Bild)*

Chorisma gestaltet gesanglich den Gottesdienst mit. Unser Chorname ist eine Verbindung von Chor und Charisma. Der Chor nennt sich: Chorisma – Sing for joy. Wir singen bei Taufen, Firmungen, Erstkommunion und Hochzeiten mit. Gerne verfolgen wir mit anderen Chören, etwa dem Chor der Herz-Jesu-Kirche oder dem Kirchenchor Metzerlen, gemeinsame Projekte. Zum geselligen Teil gehören Chorreisen und der Maibummel.

*Nadine Saner (*1968), seit Gründung im Jahr 1997 Mitglied des Chors Chorisma*

Kirchenchor | Als Präsidentin obliegt es mir, die Vorstandssitzungen vorzubereiten und zu leiten. Chorleiter und Vorstand sind zuständig für ein vielfältiges und attraktives Chorrepertoire. Mein Motto lautet: «Singen hält gesund, bereitet Freude und fördert die Geselligkeit.» Gerne möchte ich dazu beitragen, dass sich die Mitglieder in unserem Chor wohlfühlen und zusammen mit dem Chorleiter dafür sorgen, dass die Begeisterung für den Gesang erhalten und gefördert wird.

Annemarie Stettler (*1947), seit der Generalversammlung 2013 Präsidentin des Chors der Herz-Jesu-Kirche Laufen

Kirchenchor | Der Chor der Herz-Jesu-Kirche gestaltet Gottesdienste musikalisch mit. Dafür arbeite ich eng mit dem Seelsorgeteam zusammen. Bei der Auswahl der Musik geht es darum, die Tradition der Kirchenmusik zu bewahren und gleichzeitig neue Wege zu beschreiten. So pflegt der Chor ein reiches Repertoire in unterschiedlichen Stilarten.

Isidor Lombriser (*1949) ist seit 2000 Leiter des Chors der Herz-Jesu-Kirche

Pfarreisekretariat | Zu meinen vielseitigen Tätigkeiten im Pfarreisekretariat gehören Telefon- und Schalterdienst, das Führen der Agenda, die Buchhaltung und Korrespondenz aller Art. Ich helfe mit beim Schreiben von «Kirche heute» und trage alle Taufen, Hochzeiten und Todesfälle in die Pfarreibücher ein. Auch das Mitorganisieren von Anlässen wie das Rorate-Zmorge oder der Suppentag gehören zu meinem Aufgabengebiet.

*Denise Vetter (*1969), Pfarreisekretärin seit rund einem Jahr*

Sekretariat der Missione Cattolica | Bei der Missione Cattolica bin ich für die Sekretariatsarbeiten zuständig. Meine Korrespondenz erfolgt auf Deutsch und auf Italienisch. Es geht dabei etwa darum, Taufscheine auszustellen oder den Seelsorger und die verschiedenen Gruppen zu unterstützen. Auch koordiniere ich die Zusammenarbeit mit dem kath. Pfarramt Laufen. Für viele italienischsprachige Katholiken in und um Laufen bin ich die erste Kontaktperson.

*Marianna Di Falco (*1977), Sekretärin der Missione Cattolica seit acht Jahren*

Katechese | Als Religionslehrerin begleite ich Kinder ein Stück auf ihrem Glaubensweg. Im Unterricht erzähle ich biblische Geschichten mit religiösem Inhalt. Diese Geschichten vertiefen und verarbeiten wir mit basteln, malen, spielen und Gesprächen. Natürlich beten und singen wir zusammen. Ein Höhepunkt ist immer auch die Vorbereitung und das Fest der Erstkommunion.

*Ursula Schwander-Jäggi (*1953), Religionslehrerin seit 20 Jahren*

Ökumenischer Jugendtreff | Wir vom ökumenischen Jugendtreff haben ein offenes Ohr für die Jugendlichen. Uns ist es wichtig, eine Atmosphäre zu schaffen, in der sich die jungen Menschen im Alter von 12 bis 16 Jahren wohlfühlen können. Es ist ein Ort zum «Chillen», um Musik zu hören, zu diskutieren, etwas Kleines zu essen usw. Wir treffen uns jeden Freitagabend – ausser während den Schulferien – in einem Raum unter der Herz-Jesu-Kirche.

*Denise Meier-Schmidlin (*1965), Betreuerin des Jugendtreffs seit rund 10 Jahren*

Ökumenische Wegbegleitung | Ich unterstütze die geschulten freiwilligen Mitarbeiterinnen und Mitarbeiter, die Menschen in schwierigen Lebenssituationen beistehen. Ich kann auf etwa 50 ehrenamtliche Wegbegleitende zählen. Wir schenken den Menschen Zeit und bieten ihnen Rat und praktische Hilfe, um den Alltag besser zu meistern. Dabei arbeiten wir eng mit den entsprechenden Kirchen und sozialen Institutionen zusammen.

*Franziska Amrein (*1959), Stellenleiterin ökumenische Wegbegleitung in Laufen seit rund 3 Jahren*

Raumpflege | Ich arbeite schon sehr lange als Reinigungskraft in der Kirchgemeinde Laufen. Ich habe noch zu Zeiten von Pfarrer Viktor Dormann meine Arbeit aufgenommen. Derzeit bin ich für die Reinigung des Pfarreisekretariats verantwortlich: Einmal wöchentlich putze ich all diese Räume. Zudem engagiere ich mich auch in der Missione Cattolica Italiana – zum Beispiel bei besonderen Anlässen wie der Weihnachtsfeier.

*Tina Mauro (*1961), Raumpflegerin der Kirchgemeinde seit rund 25 Jahren*

Kirchgemeinderat | Als Präsident verkörpere ich einen Teil des siebenköpfigen Kirchenrats. In meiner Arbeit werde ich von einem kollegialen und zielorientierten Team unterstützt. Die Ratsmitglieder betreuen ihre Ressorts und bewegen sich darin weitgehend selbstständig. Zu meinen Hauptaufgaben gehört die Verantwortung für die geplante Überbauung «Kirchgarten». Zusammen mit den Mitgliedern des Kirchrates koordiniere ich den administrativen Teil unserer Kirchgemeinde. Ebenfalls pflege ich den wichtigen Kontakt zur Landeskirche und zu unserer Gemeindeleitung. Bei Finanzfragen oder Personalangelegenheiten stehe ich den Verantwortlichen mit meinem Fachwissen zur Seite.

Stefan Froidevaux (*1958) ist seit 2009 Präsident des Kirchgemeinderates

Finanzverwaltung | Als Kassier der Kirchgemeinde Laufen bin ich zuständig für Finanzverwaltung, Buchführung, Versicherungen, Lohnwesen, Steuern – einfach für alles, was mit den Finanzen der Kirchgemeinde zu tun hat. Meine Devise lautet: vorsichtige und vorausschauende Finanzplanung. Auf diese Weise haben wir oftmals schon Mittel angespart, z.B. bei der kürzlich ausgeführten Sanierung des Kirchenraumes samt Revision der Orgel.

Reinhold Schumacher-Fuchs (*1932) ist seit 1967 Kassier der Kirchgemeinde

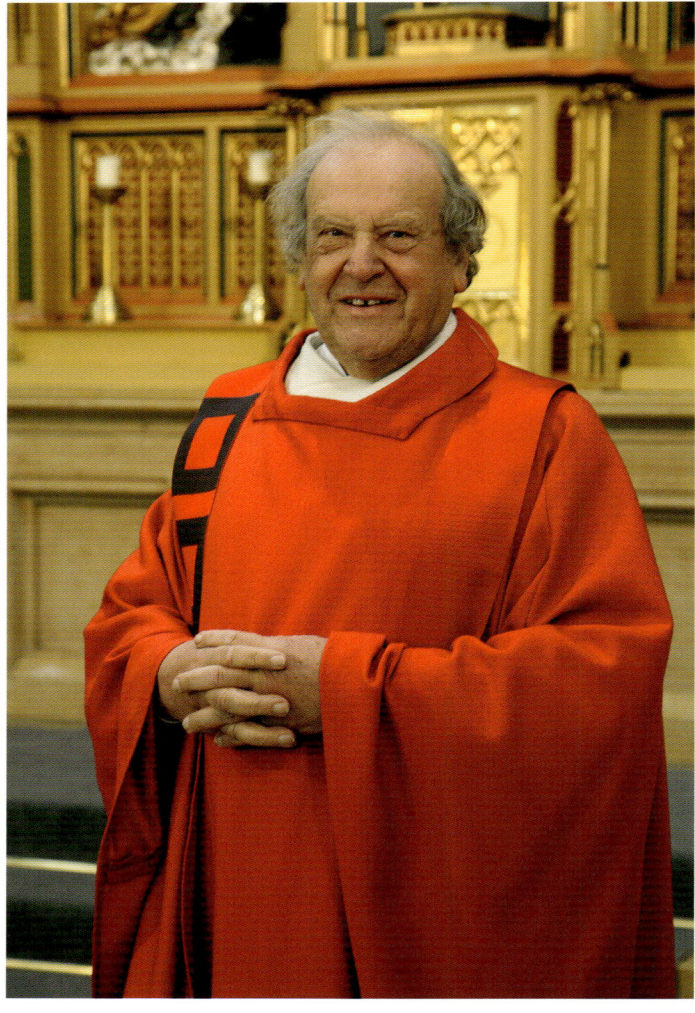

Sakristanin | Als Sakristanin bereite ich die Messen vor und bin verantwortlich für alle sakralen Gegenstände und Gewänder. Ich reinige alle Kirchenräume – vom Kirchturm bis zur Krypta. Zudem bin ich Hauswartin des Pfarreiheims.

*Margot Lehmann (*1960), seit sieben Jahren Sakristanin der Herz-Jesu-Kirche*

Seelsorge | Regelmässig darf ich an Sonn- und Werktagen mit vielen Menschen in Freud und Leid das Geheimnis der Eucharistie feiern und im Seelsorgeteam Laufen mithelfen, solange es meine Kräfte zulassen. Das ist für mich kein Muss, kein Job, sondern Berufung. Ich bin nicht pensioniert, sondern immer noch engagiert. Auch helfe ich als Seelsorger im Dom zu Arlesheim aus und bin zudem Rektor der Klosterkirche Dornach.

*Franz Kuhn (*1932), emeritierter Pfarrer, seit vier Jahren priesterlicher Mitarbeiter der Pfarrei Laufen*

Seelsorge | Als Gemeindeleiter verstehe ich mich in erster Linie als Seelsorger. Mir ist es wichtig, mir Zeit zu nehmen für die Sorgen der Menschen, sie in schwierigen Situationen zu begleiten. Zudem liegt mir das Feiern unterschiedlicher Gottesdienstformen und eine gelebte Ökumene am Herzen. Kirche hat sich immer an der Lebensrealität der Pfarreimitglieder auszurichten.

Christof Klingenbeck (*1969), Diakon, seit 2003 in Laufen, seit acht Jahren als Gemeindeleiter

Missione Cattolica | Als Pfarrer der Missione Cattolica betreue ich die italienische Diaspora in und um Laufen. Das Gebiet umfasst neben dem Laufental auch den Bezirk Thierstein. Als Seelsorger feiere ich mit meinen Landsleuten Gottesdienste und spende ihnen die Sakramente. Zu meiner Tätigkeit gehören auch Krankenbesuche und Beerdigungen. In gleicher Funktion bin ich auch im Birseck tätig.

Don Pasquale Rega (*1955), Seelsorger und Missionar der Missione Cattolica Italiana, in Laufen seit über acht Jahren

Mitarbeiterinnen und Mitarbeiter von Pfarrei, Seelsorge und Kirchgemeinde

Pfarrherren	von – bis
Marbach Friedrich	1910-1916
Siegwart Julius	1917-1954
Boob Erich	1954-1960
Vogt Alois	1960-1967
Stark Hans	1967-1971
Zeier Hans Rudolf	1971-1982
Simonett Martin	1982-1987
Dormann Viktor	1987-2000
Zihlmann Patrick	2003-2005
Priester als Aushilfe	
Schmid Heinrich, Aesch	2001-2003
Piller Florian, Basel	2005-2009
Kuhn Franz, Dornach	2009-
Gemeindeleiter	
Klingenbeck-Ehrler Christof	2006-

Vikare	von – bis
Hauss Josef	1913-1915
Siegwart Julius	1915-1916
Iten Albert	1917-1920
Sacher Gottlieb	1921-1926
Studer Alfred	1927-1930
Steinach René	1930-1933
Guenat Georges	1933-1936
Sauvin Georges	1936-1937
Bannwart Josef	1937-1938
Brom Albert	1938-1946
Frank Johann	1946-1948
Striby Anton	1948-1951
Arnold Josef	1951-1957
Schwegler Josef	1957-1960
Ochsenbein Bruno	1960-1964
Kuhn Josef	1964-1966
von Arx Josef	1966-1970
Kalbermatten P. Anton	1970-1971
kein Vikar bis 1982	
Zagst Lothar	1982-1987

Pastoral-Assistenten/innen	von – bis
Engeler-De Bona Norbert	1986-2004
Baumeler Beat	1987-1990
Schalk-Gervasoni Beat	1996-2002
Inderbitzin Rita	2007-2011
Rudiger Simone	2012-2014

Jugend-Seelsorge	
Engeler-De Bona Norbert	1982-1988
Hungerbühler Monika	1986-1989
Imhof Monika	1989-1994
Braun Alois	1989-1994
Blülle Thomas	1993-1996
Dani Albert	2002-2003

Seelsorger der Missione Cattolica Italiana	
Don Luciano Bassi	1967-1970
Pater Zeffirino Signetto	1970-1975
Don Giuseppe Chemello	1975-1984
Don Luigi Trevisan	1984-2006
Padre Pasquale Rega	2006-

Spitalpfarrer	
Meier Alphons	1955-1961
Frank Theo	1961-1977

Resignaten	von – bis
Siegwart Julius	1954-1967
Meier Alphons	1961-1962
Bürge Anton	1964-1987
Trarbach Georg	1972-1973
Cologna Johannes	1973-1989
Hänggi Johann	1989-2012

Sakristane/Sakristaninnen	
Bärtschi-Burger Hermann	-1950
Kohler-Studer Josef	1950-1957
Zbinden Albert	1957-1966
Hänggi-Henz Stefan	1966-1993
Jeker-Schmidlin Romeo	1993-2006
Stegmüller-Jermann Gabriela	2003-2008
Lehmann-Ernst Margot	2005-
Allemann-Studer Peter	2008-2013

Sekretariat des Pfarramtes	
Hänggi-Erzer Helen	1982-2004
Krüttli-Pally Martina	2004-2013
Vetter-Jermann Denise	2013-

Präsidenten/innen Kirchenrat	von – bis	Mitglieder des Kirchenrates	von – bis
Kern-Kaiser Josef	1914-1915	Walther Adolf	1914-1915
Hof Georg	1915-1924	Rem-Hof Josef	1914-1916
Schumacher-Roth August	1924-1936	Imhof-Goetschy Wilhelm	1914-1936
Imhof-Amez Wilhelm	1936-1951	Schreiber Julius	1914-1924
Saner Ernst	1951-1955	Cueni-Hof Emil	1914-1936
Fringeli-Halbeisen Bernhard	1955-1966	Marbach Friedrich, Pfarrer	1914-1916
Imhof-Gerster Willy	1966-1970	Gubler Gottfried	1915-1949
Weber-Riedmann Rudolf	1970-1975	Schumacher-Roth August	1916-1924
Froidevaux-Truninger Bruno	1975-1987	Hilbert Florian	1916-1919
Imhof-Gerster Willy	1987-1988	Kern Beda	1919-1927
Roten-Pfenninger Bernard	1988-1994	Hof Franz	1924-1926
Jossen-Imber Ludwig	1995-1999	Steiner Josef	1924-1949
Jermann-Schmidlin Dieter	2000-2004	Bron Ignaz	1926-1928
Christ-Kamber Ruth	2005-2008	Burger-Schumacher Josef	1927-1929
Froidevaux Stefan	2009-	Wyss Ferdinand	1928-1957
		Jermann Fridolin	1929-1937
		Cueni Othmar	1936-1948
		Kern-Schaltenbrand Eugen	1936-1963
		Saner Ernst	1937-1951
		Hediger Alfred	1948-1957
		Blunschi Alfred	1949-1963
		Weibel-Gerster Rainer	1949-1956

Fringeli-Halbeisen Bernhard	1951-1955	Jermann-Fringeli Doris	1987-1994
Christ-Jermann Mathé	1955-1963	Weber-Riedmann Beatrice	1987-1999
Gubler-Portmann Jacques	1956-1960	Ruppen-Bindy Hermann	1987-1999
Immoos-Eggimann Walter	1957-1966	Schmidlin-Hübscher Kilian	1987-1990
Kottmann Josef	1957-1964	Jossen-Imber Ludwig	1988-1994
Kummli-Frey Walter	1960-1966	Jermann-Imhof Willy	1991-2001
Borer Berthold	1963-1965	Jermann-Schmidlin Dieter	1991-1999
Imhof-Gerster Willy	1963-1966	Christ-Kamber Ruth	1995-2004
Staubli Eugen	1963-1970	Thürkauf-Polizzi Antonella	2000-2003
Jermann-Schumacher Ernst	1964-1974	Metzger Marcel	2000-2004
Hänggi-Sutter Leo	1965-1975	Bärtschi-Flück Bernadette	2000-2010
Senn-Schmidlin Kurt	1966-1974	Hübscher-Pflugi Roland	2001-2008
Hübscher-Jeker Josef	1966-1975	Pirelli-Pica Giuseppe	2004-2008
Hamann-Brodbeck Franz	1966-1974	Stähli-Meier Roland	2005-2008
Segginger-Linz Paul	1970-1983	Ifrid Gabriel	2005-2011
Jermann-Wehren Aline	1974-1987	Tschanz-Durandi Bettina	2009-2012
Walker-Schnell Josef	1974-1987	Cusintino Giuseppina	2009-
Frey-Eugster Emil	1974-1980	Aeschi-Borer Paul	2009-
Bucher-Armbruster Ilona	1975-1987	Binkert-Burgner Bernhard	2010-
Jermann-Halbeisen Max	1975-1988	Kottmann-Kohler Konrad	2012-
Jeker-Hof Anton	1980-1987	Simonetti Bernhard	2013-
Höfler-Steiner Anton	1983-1990		

Sekretariat Kirchgemeinde	von – bis
Frey Emil	1914-1940
Hediger Alfred	1940-1948
Studer Alfons	1948-1954
Jecker-Roos Emil	1954-1987
Jermann-Mühlestädt Verena	1987-1989
Neyerlin-Kölliker Käthy	1989-1999
Renner Wilma	2000-2008
Ackermann-Cueni Claudia	2009-2012
Broch-Imark Jean-Raphael	2013-

Schaffner der Kirchgemeinde	
Burger Willy	1914-1932
Hof Josef	1932-1942
Metzger-Bindy Georges	1942-1966
Schumacher-Fuchs Reinhold	1967-

Leiter des Kirchenchores	
Ebner-Lavalette Hans, Basel	1929-1974
Frey Georg, Reinach BL	1975-2000
Lombriser-Goetschy Isidor	2000-

Organisten des Kirchenchores	von – bis
Scheidegger Hans, Basel	
Hänggi-Werder Walter, Büren SO	1974-1998
Förster Gerhard, Seltisberg	1998-1999
Bakovsky-Reavis Richelle	1999-2004
Rumsey David, Basel	2004-

Versammlungspräsidenten	
Scholer Louis	1914-1916
Cueni Albert	1916-1919
Scholer Louis	1919-1925
Bohrer Bernhard	1925-1937
Gerster-Augustin Joseph	1937-1947
Bohrer-Meierhans Max	1947-1971
Spieler-Schweizer Fritz	1971-1983
Schwander-Condrau Jörg	1983-1984
Blattner Rainer	1984-1992
Gunti-Gygi Rolf	1992-2003
Stegmüller-Jermann Roland	2003-2007
Herzog Matthias	2007-2012
Dieses Amt wurde 2013 aufgehoben.	

Ansichtskarten
der neuen römisch=kath. Kirche in Laufen.

(Nach der photogr. Aufnahme in Nr. 94 der „Nordschweiz.")

Per Stück 10 Cts.; per Duzend 80 Cts. Größere Bestellungen Wiederverkäuferpreise.

Zu beziehen in der Vereinsdruckerei Laufen.

Kirche muss mehr auf die Menschen zugehen

Christof Klingenbeck

Es braucht gerade in unserer Zeit Orte, wo der Glaube für die Menschen wieder spür- und erfahrbar ist. Der Gottesdienstbesuch ist längst keine «Sonntagspflicht» mehr – zudem treten immer mehr Menschen aus der Kirche aus. Doch immer noch suchen viele Halt im Glauben, in der Religion: Jeden Tag wird unser Kirchenraum aufgesucht, um dort einen Moment der Ruhe und der Besinnung zu finden. Die zahlreichen Gruppierungen und Vereine der Herz-Jesu-Pfarrei sind zudem ein Zeichen dafür, dass die Menschen auch in der heutigen Zeit nach wie vor Orte brauchen, wo Gemeinschaft und Glaube erlebt werden können.

Glaube wird immer mehr zur Privatsache

Der gesellschaftliche Wandel der vergangenen Jahrzehnte hat das kirchliche Leben stark verändert. Für unzählige Menschen ist die Kirche mittlerweile zu einem Bezugspunkt neben vielen anderen geworden. Es gibt inzwischen viele Möglichkeiten, etwas zu erleben und den Alltag mit Sinn zu füllen. Mit der Gesellschaft haben sich gleichzeitig auch das religiöse Bewusstsein und die Kirchenbindung verändert. Die Art und Weise, wie Religion und Kirchenmitgliedschaft erlebt und gelebt werden, hat sich stark gewandelt. Die enge Verflechtung von Kirche sowie gesellschaftlichem und persönlichem Leben löst sich immer mehr auf. Zudem ist unsere Gesellschaft individueller geworden: Gesellschaftliche und kirchliche Normen haben stark an Einfluss verloren.

Zwar leben viele kirchliche Traditionen auch in der Herz-Jesu-Pfarrei Laufen weiter wie zum Beispiel die Wallfahrt nach Mariastein (an Auffahrt) oder der Fronleichnamsgottesdienst im Stedtli (am Sonntag nach dem Fronleichnam-Feiertag). Der Stellenwert dieser Kirchenfeste wie auch die Bedeutung des kirchlichen Lebens im Alltag haben in der Bevölkerung stark abgenommen. Religiöses Leben wird auch bei uns immer mehr zur Privatsache. Es ist eine kirchliche Realität, dass nur noch für eine Minderheit der Pfarreimitglieder der Gottesdienstbesuch Ausdruck ihrer Religiosität und Spiritualität ist. Geblieben sind die Berührungspunkte mit der Kirche an Lebensübergängen wie anlässlich der Geburt eines Kindes, bei Krankheit, in einer Sinn-Lebenskrise oder wenn ein Familienmitglied gestorben ist.

Von der Komm-her-Kirche zur Geh-hin-Kirche

All diese gesellschaftlichen und kirchlichen Veränderungen stellt die christlichen Kirchen und so auch die römisch-katholische Herz-Jesu-Pfarrei Laufen vor neue Herausforderungen. Die Kirchen müssen sich diesen Zeichen der Zeit stellen und entsprechend ihr seelsorgerliches Handeln verändern. Im Leitbild der Herz-Jesu-Pfarrei Laufen steht: «Wir wollen mehr sein als ein Dienstleistungsunternehmen. Was wir anbieten, soll ehrlich sein. Wir wollen den Menschen unserer Gemeinde christliche Grundwerte als Orientierungs- und Lebenshilfe vermitteln.»

Der Botschaft Jesu sollen also im übertragenen Sinn ein Gesicht sowie Hände und Füsse gegeben werden. Dies bedeutet, in der Seelsorge die Pfarreimitglieder mit ihrer Freude und Hoffnung, ihrer Trauer und ihren Ängsten in den Mittelpunkt zu stellen. Diese Ausrichtung stellt nicht nur das Bistum Basel in das Zentrum der Seelsorge. Auch für Papst Franziskus hat der diakonische Auftrag der Kirche, der Dienst am Mitmenschen, oberste Priorität. Wir sollen uns also im Laufental wie auch in der ganzen Weltkirche auf den diakonischen Auftrag unserer Kirche zurückbesinnen. Eine Kirche vor Ort, die sich an der Lebensrealität der Pfarreimitglieder ausrichtet, muss sich als «Geh-hin-Kirche» verstehen. Es gilt, nicht nur im Gottesdienst, sondern auch in der Begegnung mit den Menschen die aktuellen Sorgen und Nöte, die Freude und Hoffnungen der Menschen in ihrem Lebensumfeld ernst zu nehmen. Damit verändert sich etwas ganz Wesentliches für die Seelsorgenden: Die Zeit der «Komm-her-Kirche» ist vorbei. Es ist ihre zentrale seelsorgerliche Aufgabe, auf die Menschen zuzugehen. Im Mittelpunkt jedes seelsorgerischen Handelns steht das Anliegen, dass die Menschen mit ihrem Glauben eine bestimmte Lebenssituation im Licht des Glaubens sehen können und einen Weg finden, diese Lebensphase so in ihr Leben zu integrieren, dass sie ihren Lebensweg weitergehen können. Kirche muss in Momenten der Sinnsuche bei den Menschen sein und ihnen zu spüren geben, dass Gott mitgeht und mitträgt.

Der pastorale Enwicklungsplan des Bistums Basel (PEP), 2006, hält fest: «Wir sind überzeugt, dass der christliche Glaube eine Kraft ist, die dem Leben dient, und dass er Schätze birgt, die fördernd und heilend sind für ein gelingendes Leben und für die Mitgestaltung einer gerechteren Welt. Deshalb bringen wir den Glauben ins Spiel: Wir leben ihn, legen ihn vor, bringen ihn ein ins Leben der einzelnen Menschen und der Gesellschaft. Wo die Frage nach Sinn, nach Gerechtigkeit, nach Heil, nach Gott aufbricht, müssen wir uns fragen, was der Glaube anbieten kann. Er kann Antwort sein, er kann Alternativen aufzeigen, er kann Kraft geben.»

Gemeinsam Kirche sein – über die eigene Pfarrei und Konfession hinaus

Vieles hat sich in unserer Kirche mit dem gesellschaftlichen Wandel verändert. Der Ur-Auftrag ist aber gleich geblieben: Kirche muss immer auf dem Weg bleiben und den Menschen einen Ort schenken, wo sie sich als Individuum ernst genommen und sich in einer Gemeinschaft wohlfühlen können. Dieses Miteinander hält nicht vor der eigenen Konfessionstüre: Die Ökumene gehört zum Weg unserer Kirche, in der wir das Gemeinsame feiern und betonen. Das Anders-Sein soll als Bereicherung und nicht als Schwäche oder sogar als Grund zur Konkurrenz angesehen werden.

Zudem wird der Weg aller Laufentaler Pfarreien inskünftig noch von einem anderen Miteinander geprägt sein: Um den veränderten Anforderungen besser genügen zu können, soll es im Bistum Basel eine verbindlichere Form der Zusammenarbeit unter den Kirchgemeinden und Pfarreien geben: den Pastoralraum. Ein solcher fasst verschiedene Pfarreien zusammen. Die Seelsorgenden sollen zusammen arbeiten und in ihrem Dienst die Mitverantwortung für das Ganze im Blick halten. Im Laufental sollen bis in ein paar Jahren zwei Pastoralräume gebildet werden: der Seelsorgeverband Zwingen-Dittingen-Nenzlingen-Blauen mit der Pfarrei Grellingen sowie die Pfarreien Brislach, Kleinlützel, Laufen, Liesberg, Röschenz, Roggenburg und Wahlen.

100 Jahre Gemeinschaft

Wir feiern in diesem Jahr 2014 einen hundertjährigen lebendigen Weg, der immer wieder in das Gebäude hinein, aber auch wieder hinaus in die Pfarrei führt. Die markante Veränderung des Kirchenraums in den Siebzigerjahren ist ein sichtbares Zeichen des pastoralen Wandels unserer Kirche, unserer Pfarrei. Das Gemeinschaftliche kommt in unserem Kirchenraum mit dem vorgeschobenen Altarraum eindrücklich zum Ausdruck. Zudem nimmt der Kirchenraum die Individualisierung unserer Gesellschaft auf: Jeder Mensch ist vor Gott einzigartig. Darum haben wir in unserer Kirche auch einen Ort geschaffen, an dem alle ihre eigenen Anliegen und Wünsche in ein Buch eintragen können – oft verbunden damit, dafür eine Kerze anzuzünden. Möge dieser Ort der Stille weiterleben, mögen Menschen in dieser Kirche auch in den nächsten 100 Jahren immer wieder in einer Gemeinschaft Kraft aus dem Glauben schöpfen, und mögen Menschen Kirche auch immer wieder in der Begegnung mit anderen ausserhalb des Kirchengebäudes spüren und erfahren.

Flugaufnahme aus dem Jahre 2002

Im Zeichen des Kirchenjahres

Herz-Jesu-Kirche (Christof Klingenbeck)

Vieles hat sich in der Kirche mit dem gesellschaftlichen Wandel verändert. Geblieben sind liebgewordene Traditionen, welche das Kirchenjahr prägen.

Unser Kirchenraum wird immer wieder belebt mit den unterschiedlichsten Menschen und bereichert mit verschiedensten Formen von Gottesdiensten und Andachten.

Auf den folgenden Seiten lassen wir das Kirchenjahr in Bildern sprechen und unseren Kirchenraum erzählen.

Grossartig! Hunderte von Schulkindern singen weihnächtliche Lieder und musizieren. Eine wunderbare Atmosphäre ein paar Tage vor Weihnachten!

Die Friedenslichtfeier ist ein ganz besonderer Moment. Kinder bringen das Friedenslicht von Bethlehem hinein in meine Kirche – viele Menschen holen dieses Licht und tragen es nach Hause in ihre Wohnung.

101

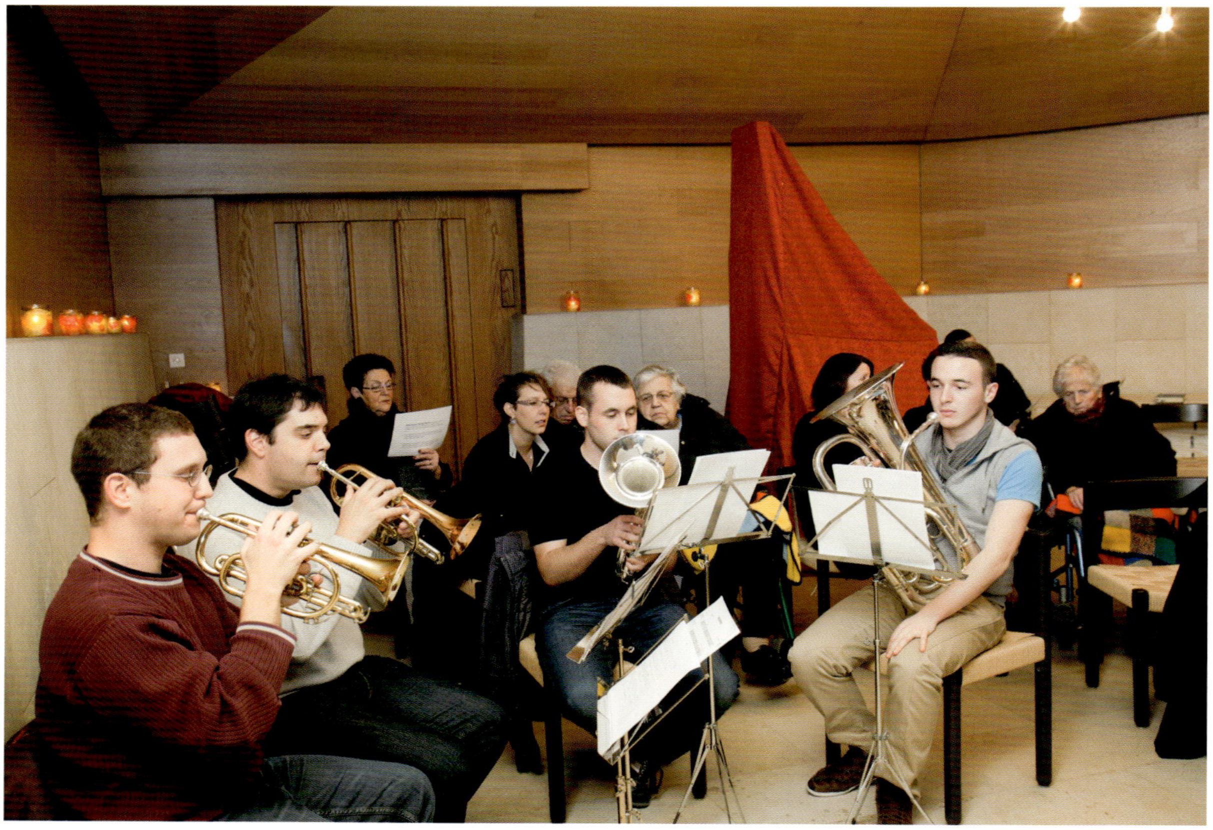

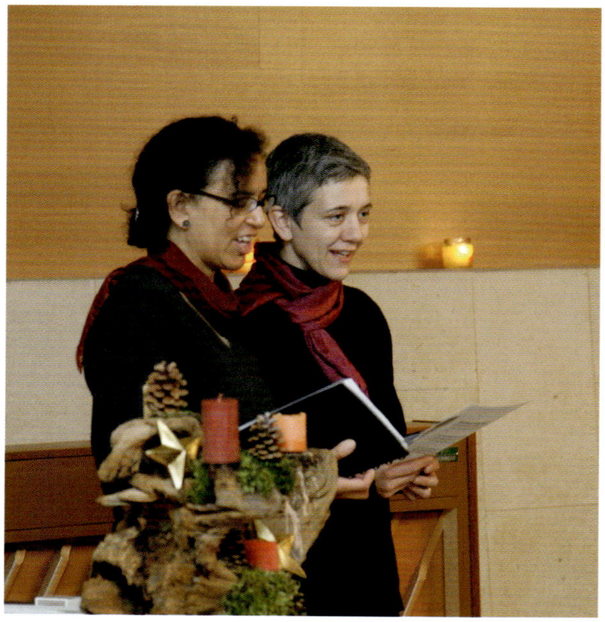

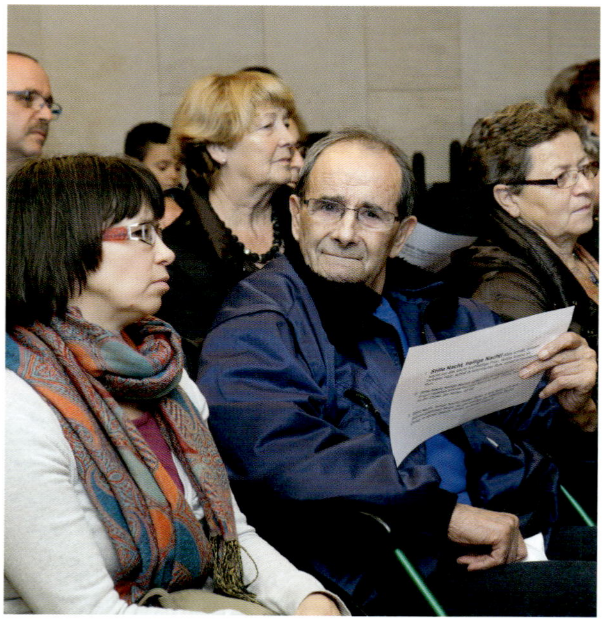

In meiner Kirche gibt es im «Keller» noch eine kleine Kirche, die Krypta. Sie wird vor Weihnachten belebt mit Bewohnerinnen und Bewohnern des Seniorenzentrums Rosengarten und mit schönen musikalischen Klängen.

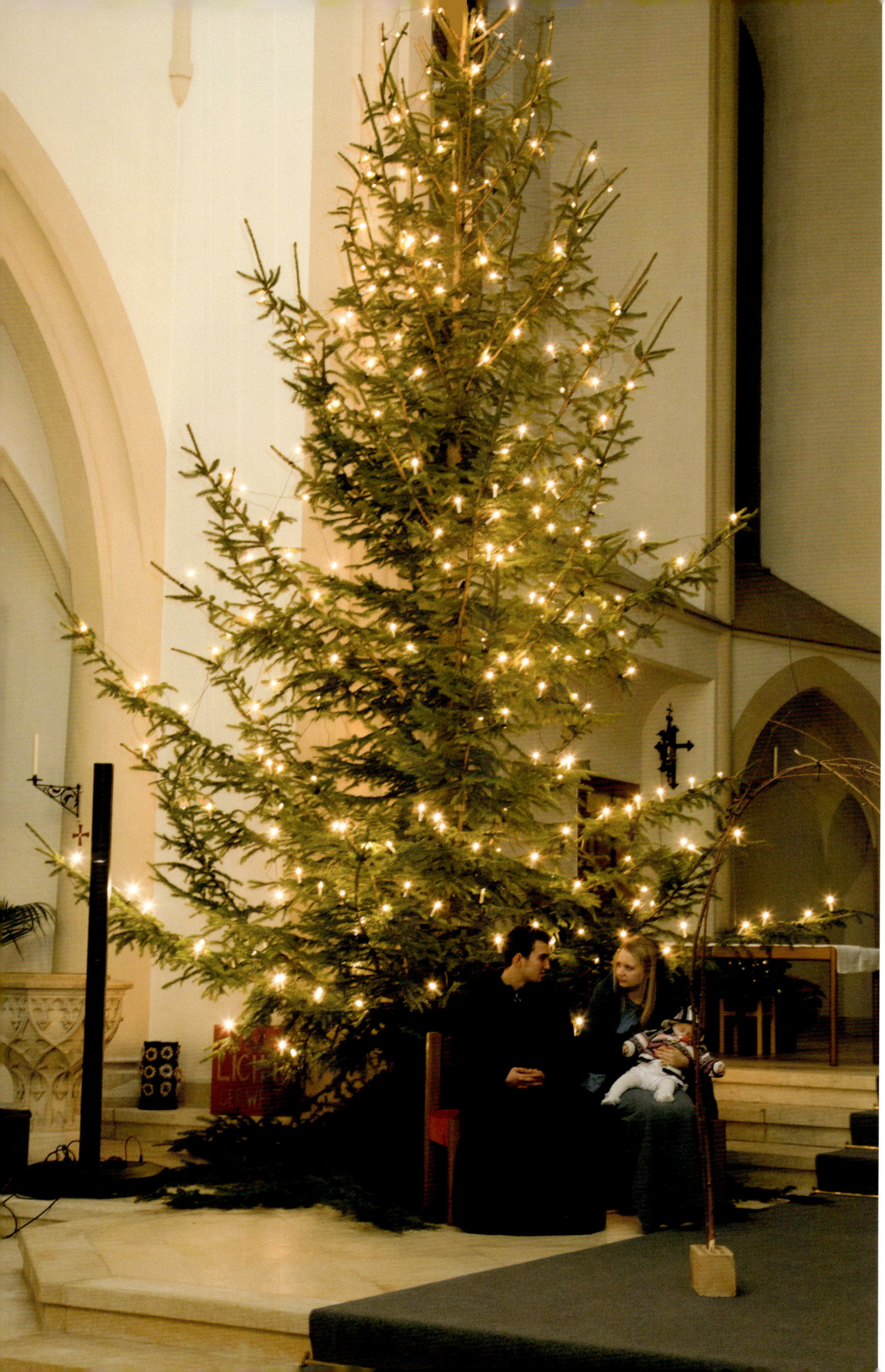

Ein Weihnachtsmusical, die Krippenlandschaft und eine «echte» Heilige Familie: Weihnachten ist spürbar!

Oh Tannenbaum! Heilige Nacht! Die Bänke füllen sich – die Stühle auf der Seite bleiben leer. Viele Menschen feiern den Mitternachtsgottesdienst. Andere finden den Weg hierher nicht mehr.

107

Unsere beiden Chöre – der Kirchenchor und Chorisma – zaubern immer wieder eine besondere Atmosphäre in meinen Kirchenraum.

109

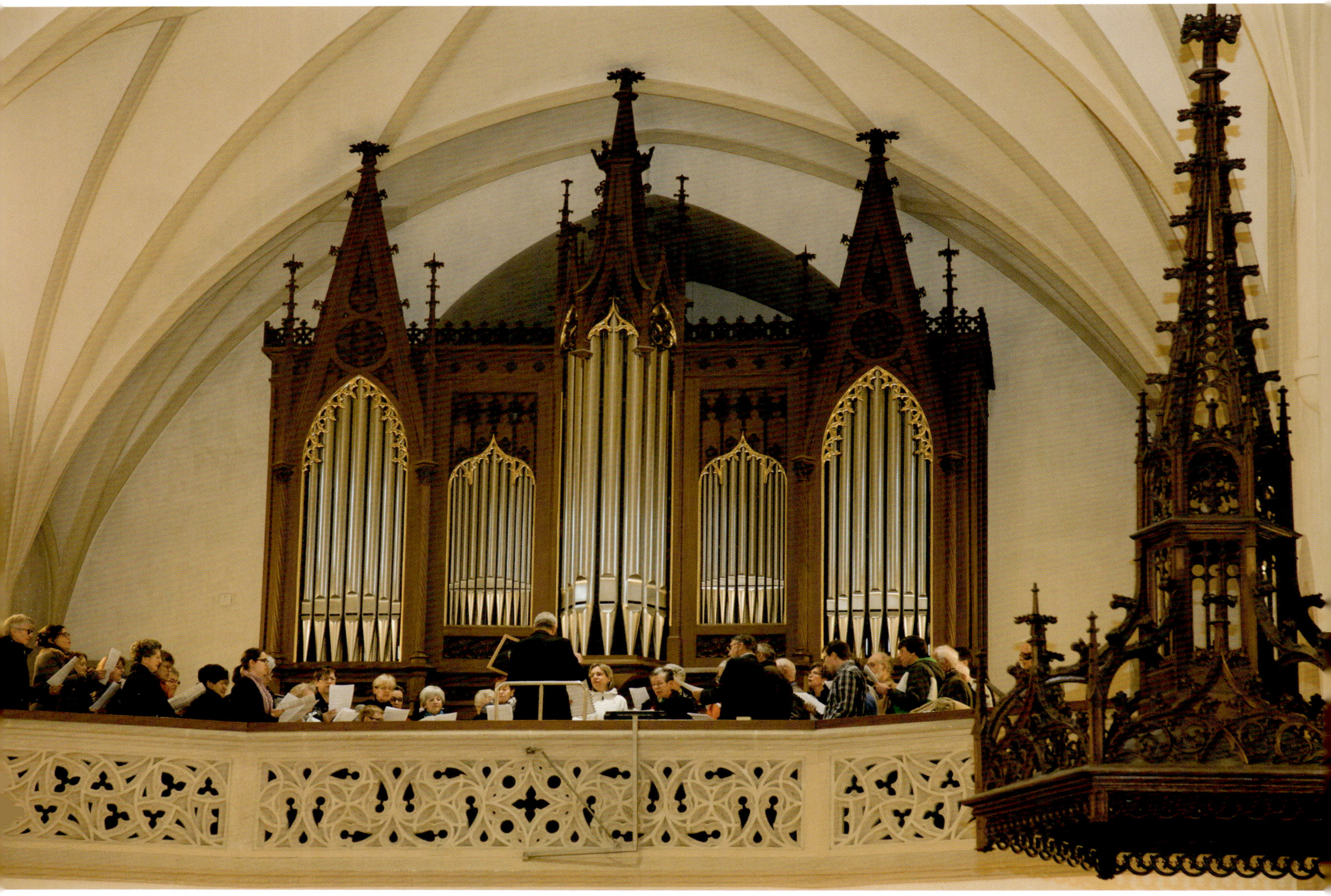

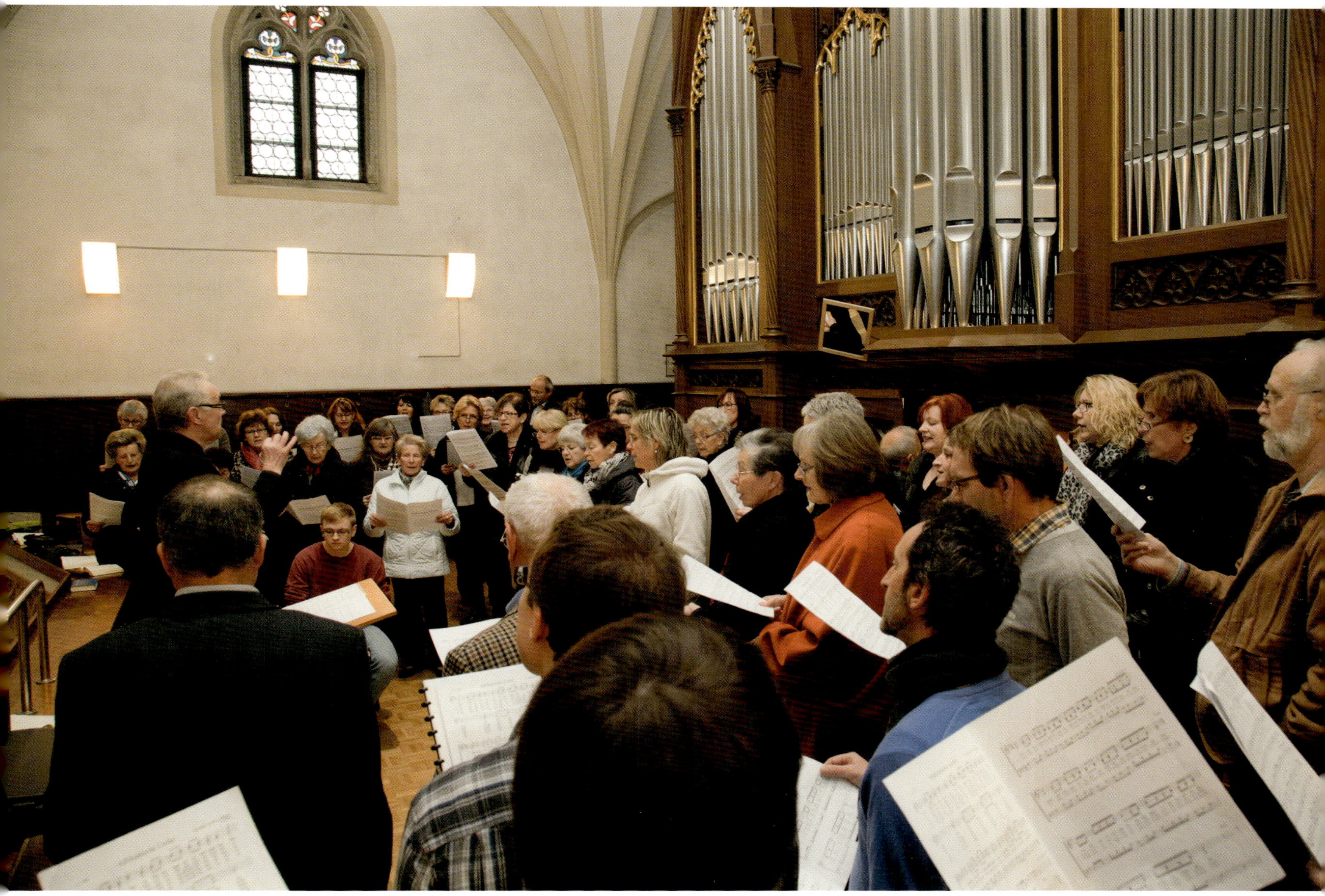

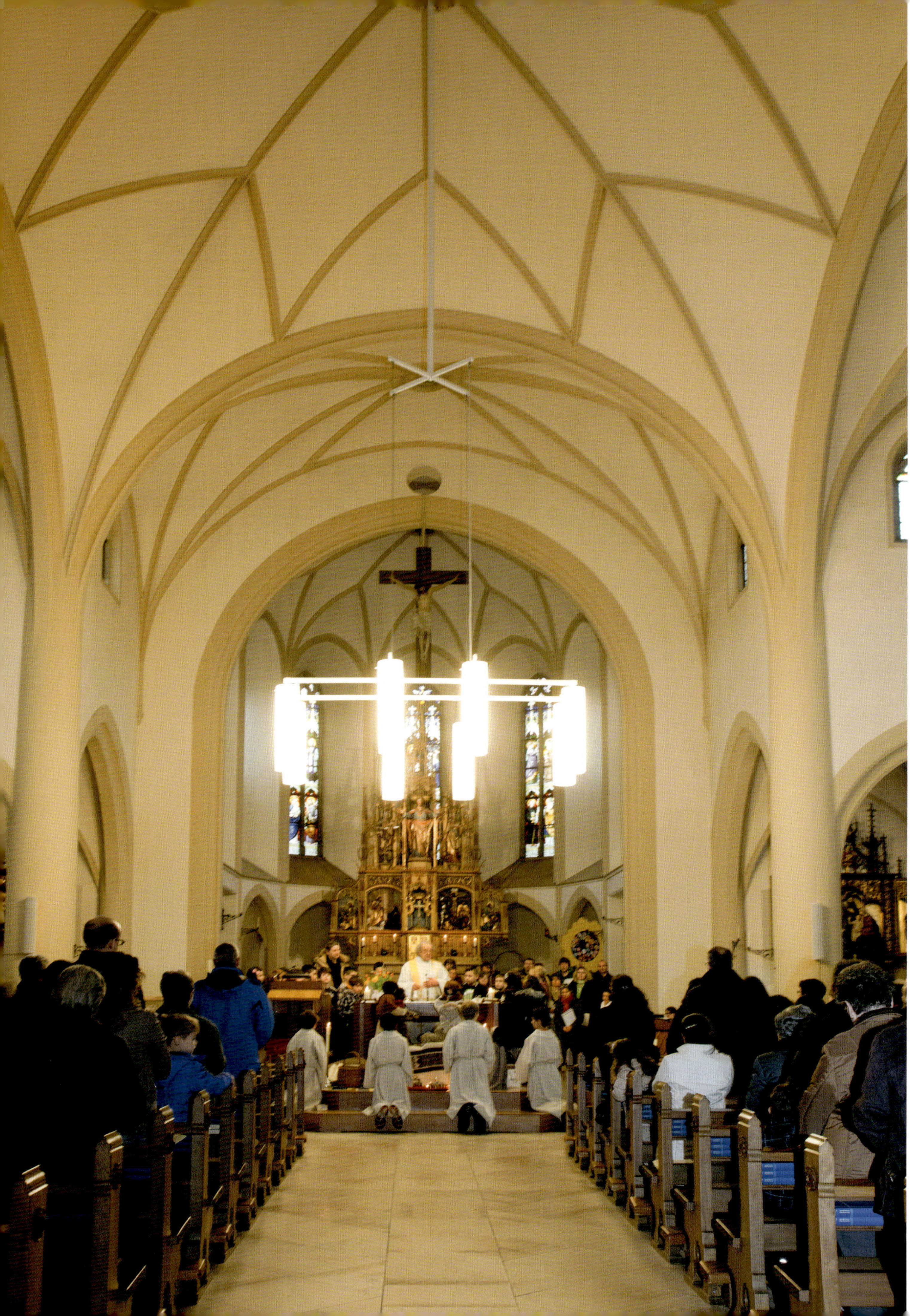

Ganz besondere Momente erlebe ich, wenn Kinder, wie hier die Erstkommunikanten, einen Sonntagsgottesdienst mitgestalten.

Nächste Doppelseite: Meine Wände beben – ich zucke zusammen, beim Laufner Fasnachtsgottesdienst. Lebensfreude pur! Das tut gut!

BIRSGUGGER
LAUFEN
1984
BIRSGUGGER
LAUFEN
1984
BIRSGUGGER
LAUFEN
1984

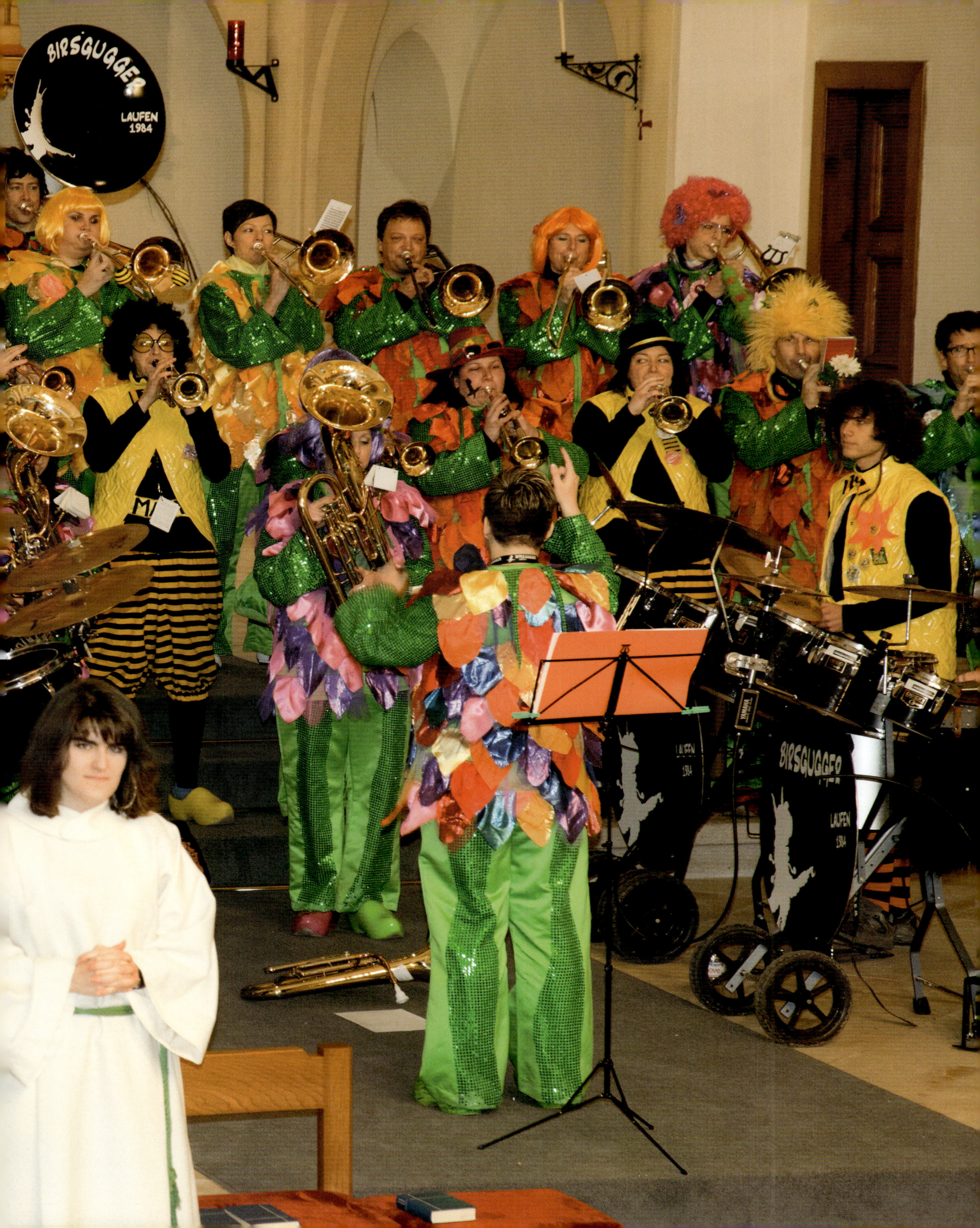
BIRSGUGGER
LAUFEN
1984

Es gibt auch viele einsame Stunden. Mich beeindruckt es sehr, wie viele Menschen meinen Ort für einen Moment der Stille und des Gebets aufsuchen.

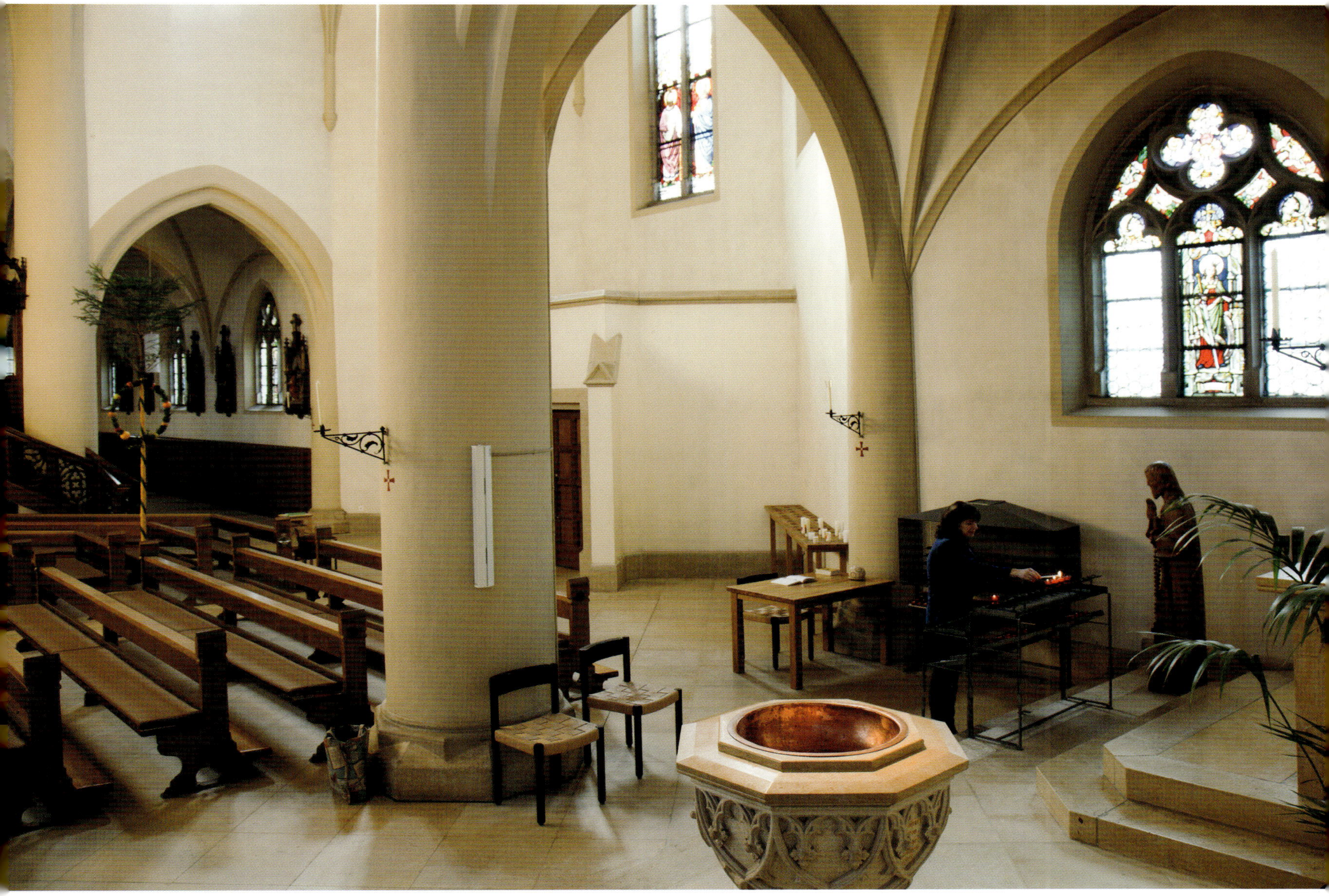

Staunen, zuhören und singen: kleine Kinder als Hoffnungsträger unseres Glaubens in der Feier «Fiire mit de Chliine».

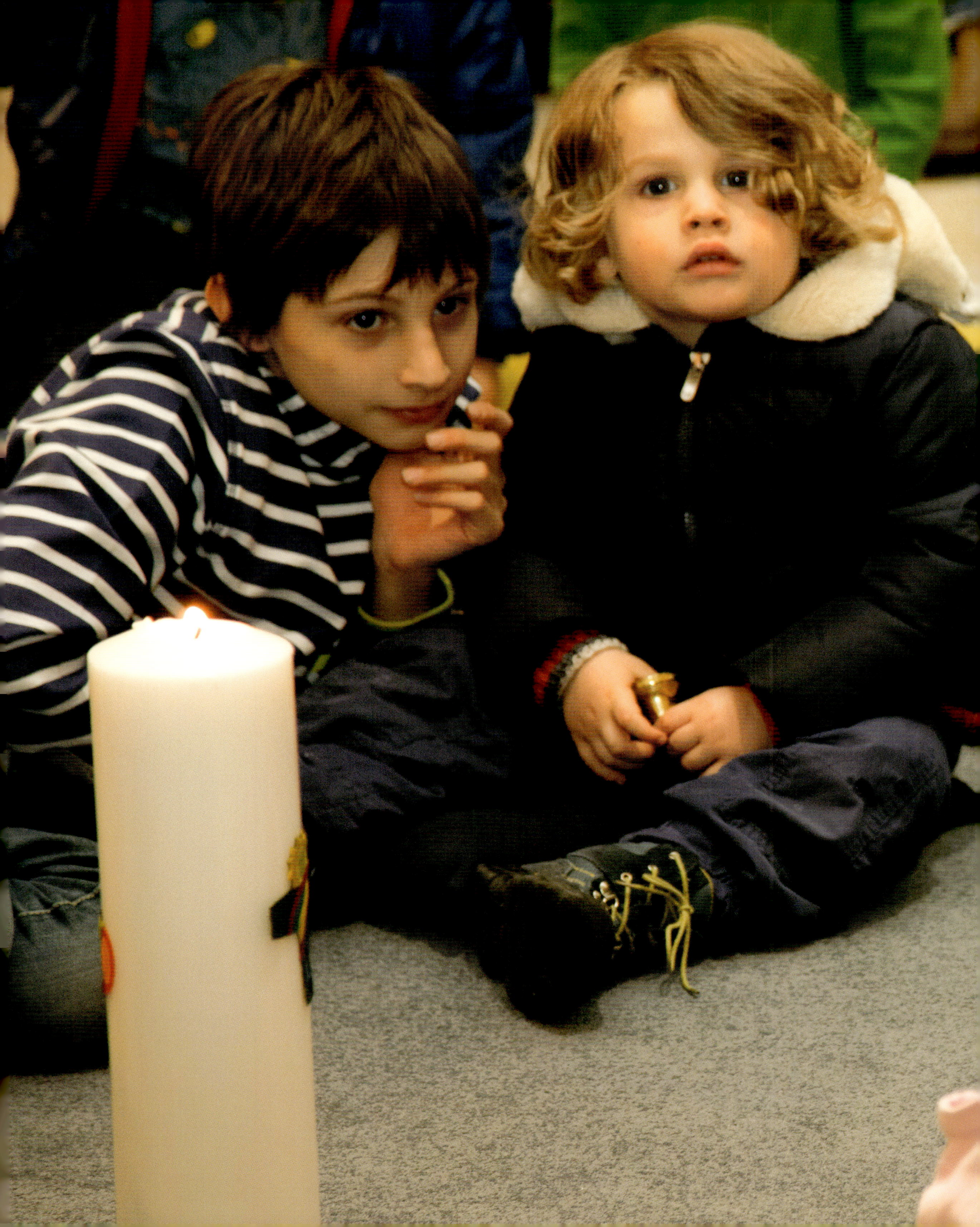

Gläubige aller Konfessionen begegnen sich am
Weltgebetstag der Frauen – gelebte Ökumene!

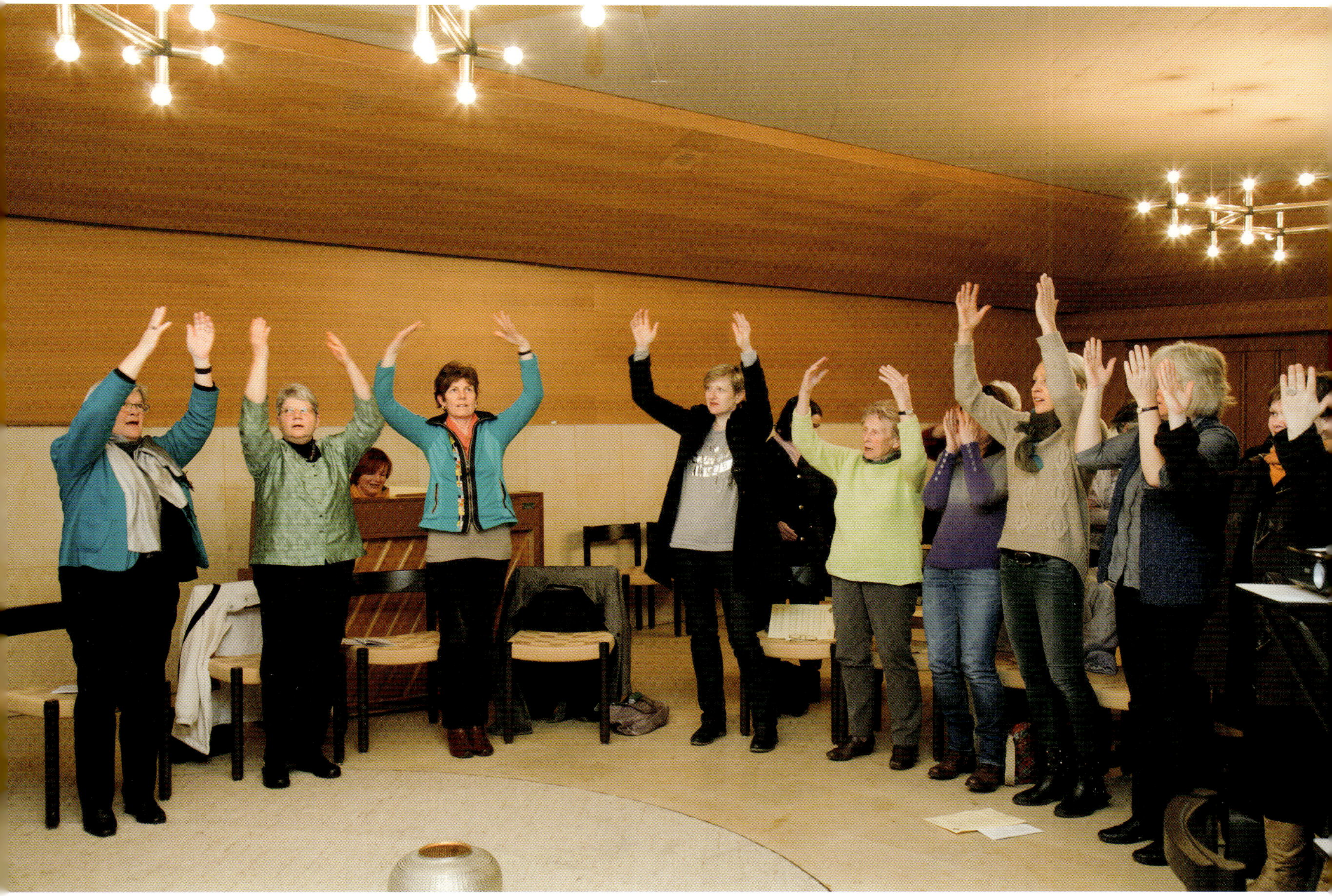

Viele Palmbäume, welche die Kinder mit den Pfadiführern gebunden haben, prägen meinen Kirchenraum am Palmsonntag.

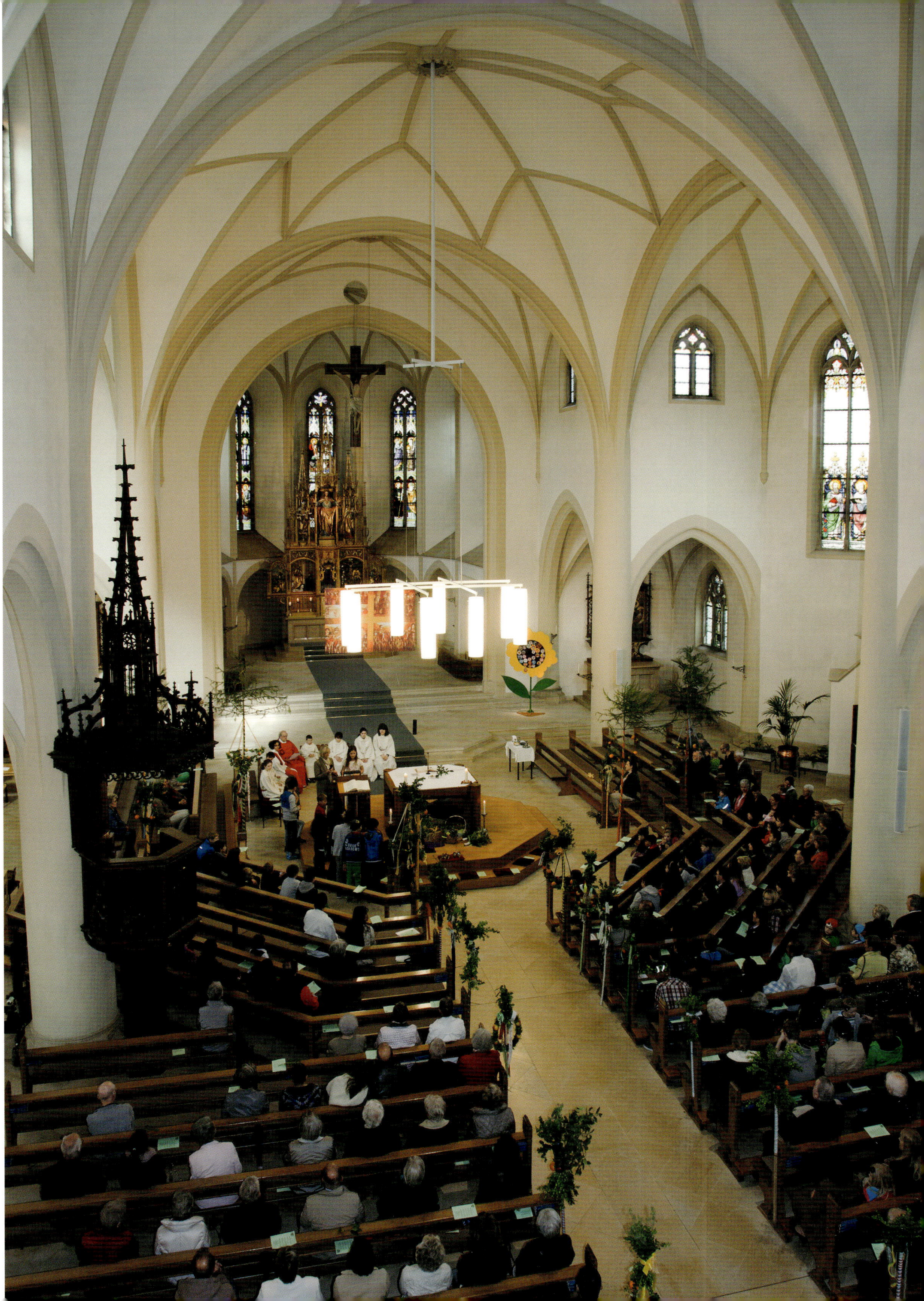

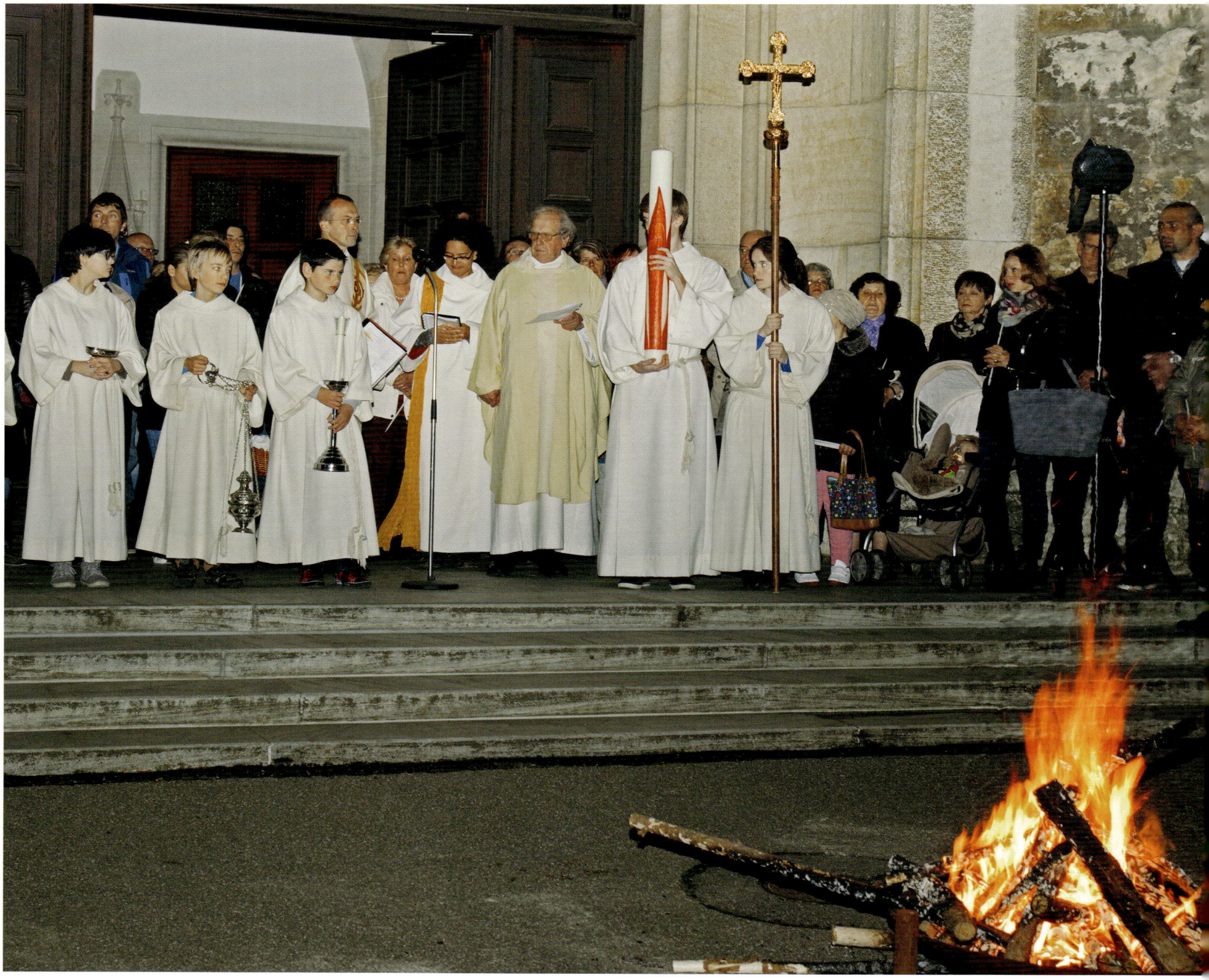

In der Osternacht werden das Weihwasser und die neue Osterkerze gesegnet. Das Symbol der Osterkerze hat die Laufner Ordensfrau, Schwester Ruth Nussbaumer, gestaltet. Für mich ist dieses Licht ein wunderbares Hoffnungszeichen: «In Dir muss von Herzen brennen, was Du in anderen entzünden willst.»

Nächste Doppelseite: Ein Lichtermeer flackert in der Osternacht in meiner Kirche. So viele Menschen – so viel Licht – so viel Hoffnung!

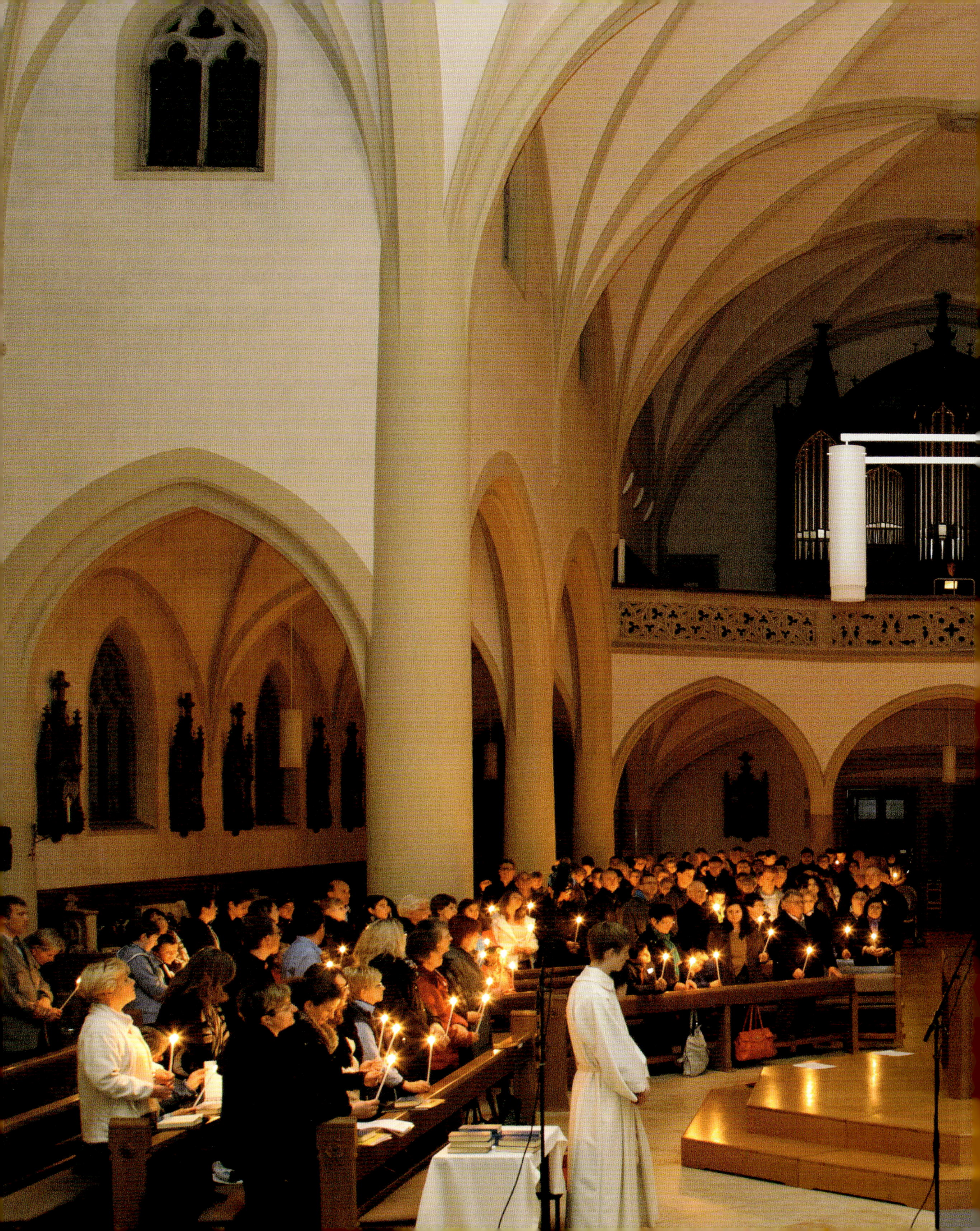

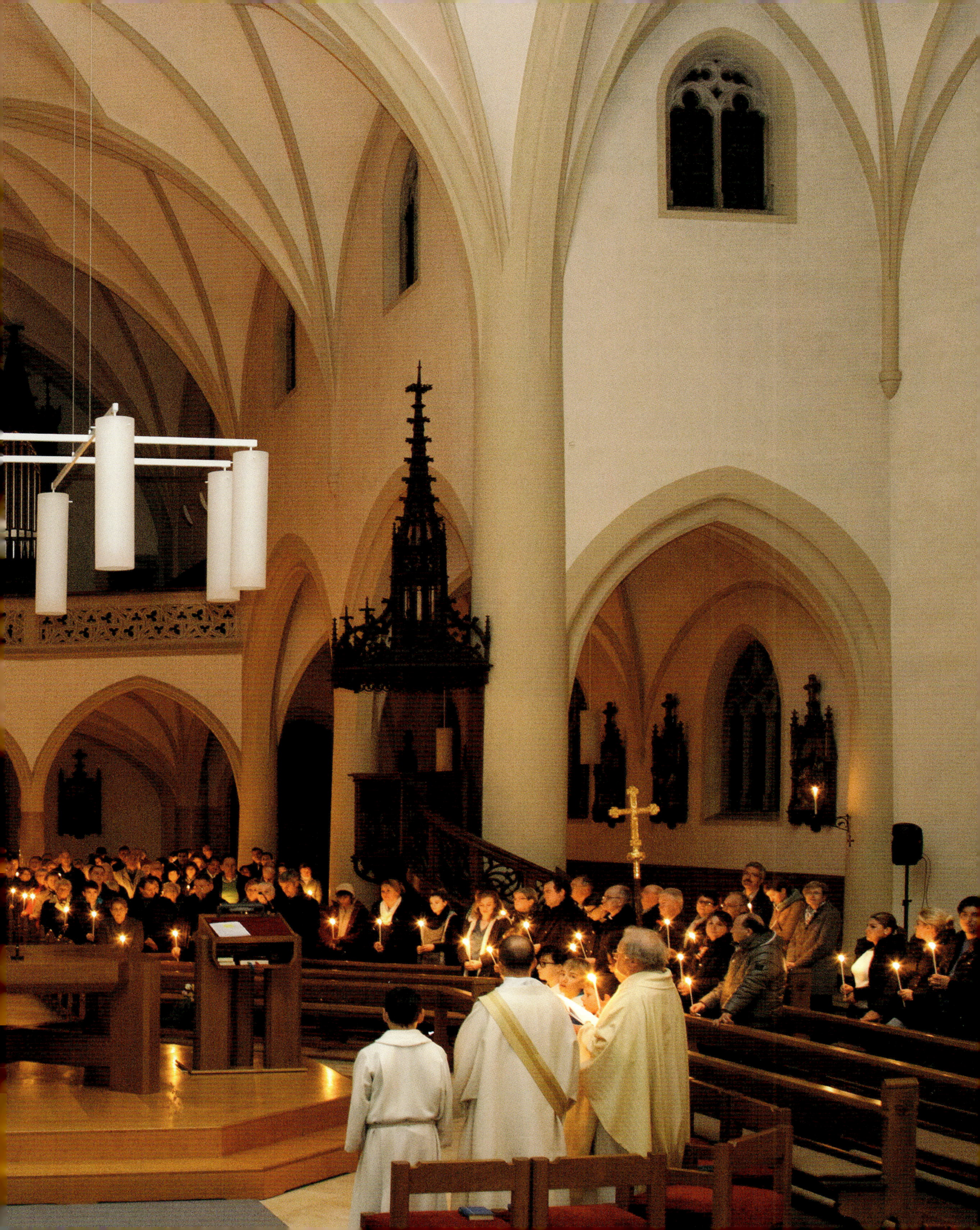

Ein ganz besonderer Moment für mich und für die ganze Pfarrei: Kinder dürfen am Weissen Sonntag zum ersten Mal die Heilige Kommunion empfangen.

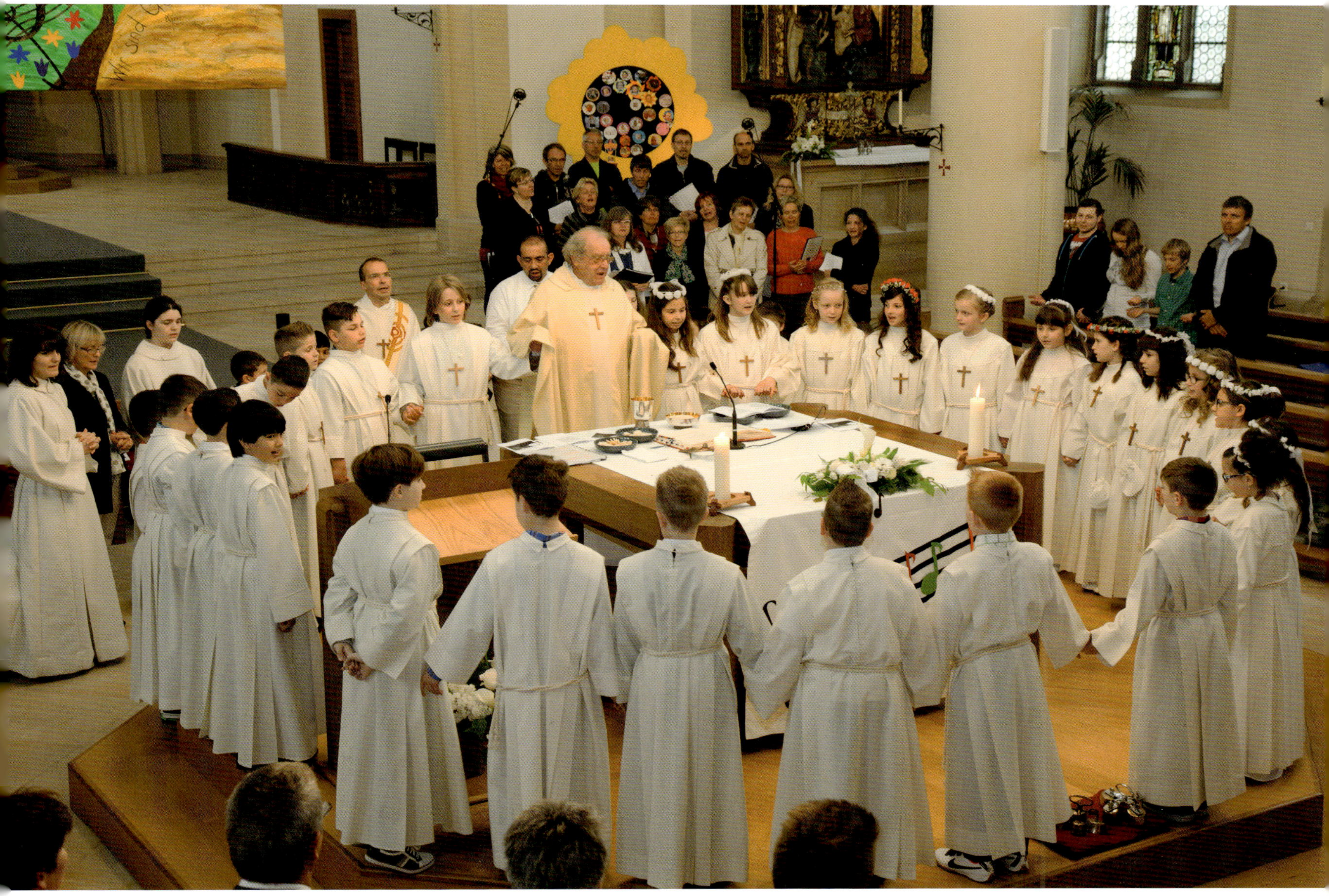

Was mir die Herz-Jesu-Kirche bedeutet?

Daniel Gaberell (Fotos)

«*Ein toller Blickfang und ein Ort, wo man – nebst Schäfchen – auch Störche zählen kann.*»

Benno Thomann

«Ein Ort der Ruhe, der Freude, Trauer, Hoffnung. Ein Ort der Gefühle.»
Laura Binkert

«Viele gute Erinnerungen an die Zeit als Ministrant.»
Yanick Hellinger

«Als Zuzügerin wurde ich in Laufen sehr herzlich aufgenommen. Ich hoffe, dass auch in Zukunft die Offenheit und Liebe des Herzens von Jesus sich in der Kirche immer mehr widerspiegelt.»
Andrea Schmidlin

«Meine ganze religiöse Laufbahn fand hier statt: Taufe, Kommunion, Heirat, meine eigenen Kinder wurden hier getauft und feierten die Kommunion.»
Antonella Thürkauf

Ich wohnte und lebte 43 Jahre in Kleinlützel. (Seit August 2013 in Laufen.) Bis ins Jahr 2002 bin ich sicher mehr als 1000-mal an der Herz-Jesu-Kirche vorbeigefahren. Aber nicht nur das! Ich habe in ihr einige meiner bemerkenswertesten Anlässe erlebt. (Orgelzyklus der BLKB – phantastisch! Firmung des Patenkindes meiner Frau – bewegend! Mitternachtsgottesdienst – feierlich!) Dann war es aufgrund eines Hirnschlags nicht mehr möglich und ich war auf den ÖV angewiesen. Und die Haltestelle «Katholische Kirche» wurde zu meiner Lieblingshaltestelle. Mir gegenüber dieses phänomenale, beeindruckende und trutzige Bauwerk: die Herz-Jesu-Kirche. Jedesmal schaute (und schaue) ich sie beim Warten an und entdeckte (entdecke) dabei Details, die mich erstaunten und überraschten und meine Fantasie für Lebensinhalte und Szenen anregten (anregen). Ja, ich behaupte, dass diese markante Kirche für mich so eine Art liebgewonnener Begleiter in meinem Leben geworden ist.

Marino Raccuia-Dreier

«Einiges. Ich bin mit ihr gross geworden, singe im Chor und vermisse dort jüngere Frauen und Männer. Auch mehr Frauen am Altar wünschte ich mir und deren gesunde Einstellung im Leben von heute.»
Charlotte Schwager

«Sehr viel. Viel Gutes.»
Klaus Halter

«Die Kirche, ein Ort, sich im Inneren zu bekennen und Kraft in schwierigen Zeiten zu schöpfen.»

Fabian Binkert

«Vom Barock bis in die Moderne: Ein Raum erfüllt mit Orgelmusik, kreiert von Organisten mit Weltruf.»

Peter Hellinger

« Konstante in hektischer Zeit. Ruhe, aber auch Dominanz, ein schöner Bau. »
Kurt Sigrist

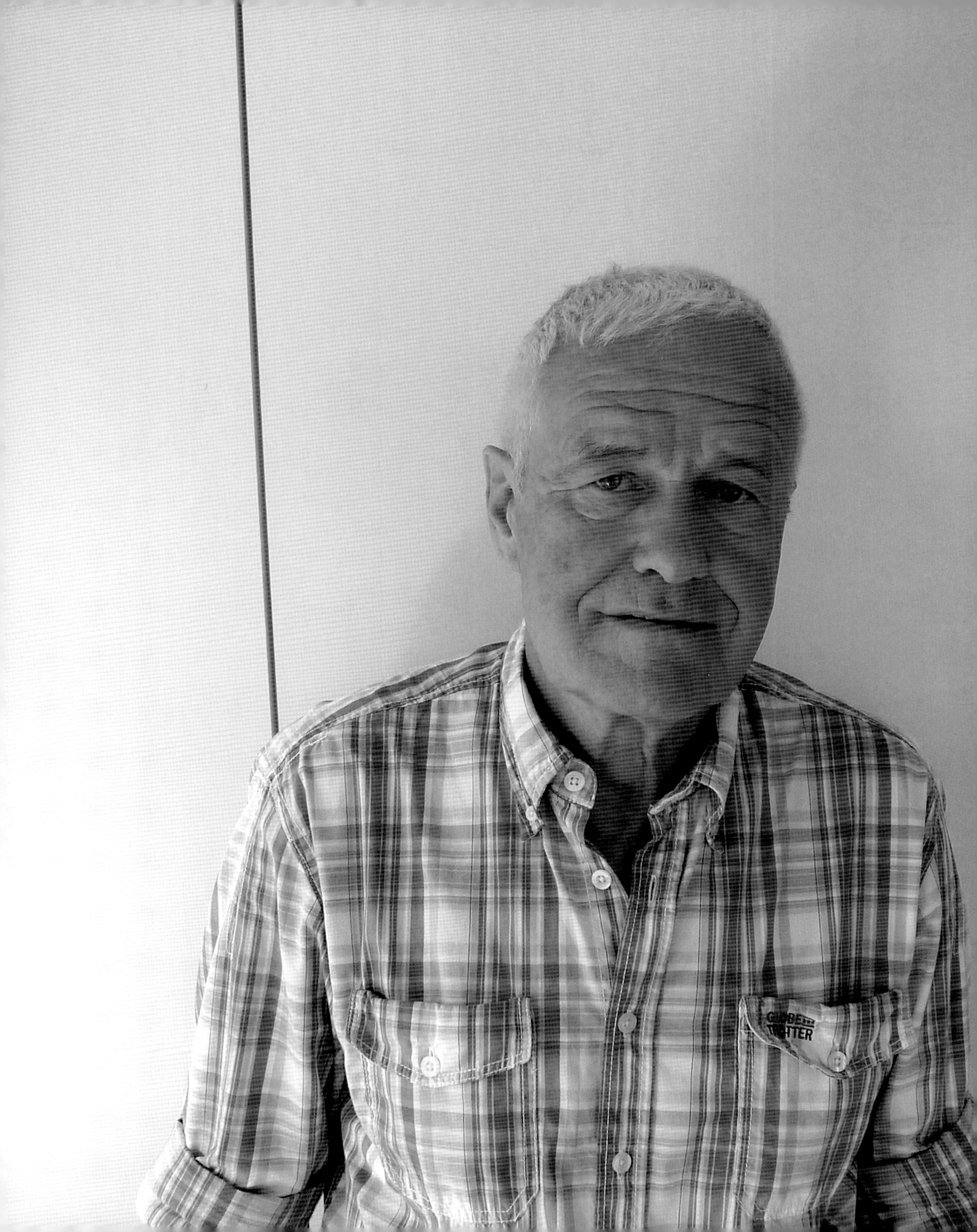
GLOBE
TROTTER

«Geborgenheit, Zuversicht, intensive Momente – die Herz-Jesu-Kirche ist ein Teil meines Lebens.»

Isabelle Isler

«*Ort für Ökumene und Besinnung. Guter Aufenthalt für Orgelkonzerte etc. Feine Möglichkeit für Begegnungen.*»

Herbert Walther

«*Ein Stück Heimat, viele Begegnungen. Einen sturmen Kopf vom Rundumsteigen auf die Empore und auch in den Läuteraum zu früheren Zeiten.*»

Charles Imark

«Sie ist das prägnanteste Bauwerk in Laufen. Seit 100 Jahren Uhr-los; zeitlos!»
Daniel Scholer

«Gute Kollegin = Vernetzung, Zusammenarbeit. Raum für viele Kulturen.»
Regine Kokontis

Autoren, Fotografin, Fotograf

Paul Aeschi (*1947) ist Kirchenrat und war Projektleiter der jüngsten Innenrenovationen.

Linard Candreia (*1957) ist Sekundarlehrer (Gymnasium Laufental-Thierstein), Stadtrat und Autor von deutsch-romanischen Büchern. Seine bisher bekanntesten Werke: «Zurück nach Marmorera» und «Hanna la Tirolra – Hanna die Südtirolerin». Neu beschäftigt sich der in Tiefencastel aufgewachsene Bündner intensiver mit der Laufentaler Geschichte.

Daniel Gaberell (*1969) betreibt seit 12 Jahren seinen Kulturbuchverlag Herausgeber.ch und schreibt gelegentlich Texte. Er ist Berner.

Giuseppe Gerster (*1938), dipl. Architekt ETH. 1958 Matura Typ A, 1962 Architekturdiplom ETHZ, Studien in Holland, Spanien, Japan, Mexiko, den USA. Visiting Professor Clemson University South Carolina (USA) und in Genova (IT), 1971 Gründung Architekturbüro in Delémont. 1974 Übernahme des Architekturbüros des Vaters in Laufen. Werkinventar mit gegen 500 Projekten. 22 Wettbewerbserfolge. Mitglied der Eidg. Kommission für Denkmalpflege, des Office du Patrimoine historique du Jura und der Denkmalschutzkommission BL. Gerster leitete die Innenrenovation von 1975/76, die Anpassung an die Liturgieerneuerung und den Einbau der Kirche im Untergeschoss.

Kurt Hamann (*1947), freischaffender Fotograf, geboren und seit jeher tätig in Laufen, verheiratet; er hat einen Sohn und eine Tochter und drei Grosskinder. Seine Hauptinteressen gelten Naturaufnahmen und Portraitierungen von Menschen in alltäglichen und besonderen Situationen.

Thomas Immoos (*1953), aufgewachsen in Laufen, rund 30 Jahre Redaktor bei diversen Tageszeitungen, heute freier Journalist und Texter.

Margot Lehmann (*1960), seit sieben Jahren Sakristanin der Herz-Jesu-Kirche, dokumentiert das Geschehen in und um «ihre» Kirche regelmässig mit der Kamera.

Dr. Urs Jecker (*1957), geboren und aufgewachsen in Laufen, ist Germanist und hat 1995 eine volkskundliche Doktorarbeit zum Thema «Fronleichnam» geschrieben. Dabei hat er unter anderem die Geschichte der Laufner Fronleichnamsprozession untersucht. Urs Jecker arbeitet heute als Dozent für Unternehmenskommunikation und Rhetorik an der Hochschule Luzern-Wirtschaft.

Christof Klingenbeck (*1969), Diakon, seit 2003 in Laufen, erst als Pastoralassistent, seit acht Jahren als Gemeindeleiter.

Unterstützung, Bildnachweise

Gönner:
- Bieli Transport AG
- Mahari Stiftung
- Martha Schaltenbrand Stiftung
- Raiffeisenbank Laufental-Thierstein, Laufen
- Röm.-kath. Landeskirche des Kantons Basel-Landschaft, Liestal
- Seppi's Gebäudereinigung AG
- Stadt Laufen
- Swisslos-Fonds Basel-Landschaft

SWISSLOS Basel-Landschaft

Spender:
- BDO AG Laufen
- Coop Laufen
- Elektro Burger AG
- Erich Saner AG
- Keramik Laufen AG
- Kern Konditorei Café GmbH
- Peter Jäckle AG
- Restaurant Central AG
- Similor AG
- Valiant Bank, Laufen

Der Kulturbuchverlag Herausgeber.ch bedankt sich herzlich bei den Autoren für ihre Textbeiträge – insbesondere bei Bischof Felix Gmür und Stadtpräsident Alexander Imhof. Ein grosser Dank gilt auch den Protagonisten, die den Mut fanden, sich für dieses Buch in Bild und Text porträtieren zu lassen.

Vielen herzlichen Dank auch all jenen Menschen, die sich für die Beantwortung von Fragen, Recherchen und für administrative Arbeiten Zeit genommen haben.

Ebenfalls ein grosses Merci geht an das Festschriftteam (Bernhard Binkert, Stefan Froidevaux, Christof Klingenbeck) für sein Engagement bei dieser Jubiläumspublikation. Unser Dankeschön geht auch an: Jean-Raphael Broch, Ursula Schwander, Denise Meier und Andrea Schmidlin.

Ein herzliches Dankeschön für das freundliche Zurverfügungstellen der Fotografien geht an Reinhold Lutz, Charles Imark, Kurt Sigrist, Trudy und Josef Kohler, Roger Chalon sowie an das Museum Laufental in Laufen.

Bildnachweise:
Kurt Hamann: Seiten 7, 11, 13, 15, 51, 53, 74 bis 87, 97, 98 bis 129, Buchumschlag-Rückseite.

Sammlung Schaltenbrand-Stiftung, Museum Laufental: Seiten 6, 21, 23, 25, 24 (o.), 25, 41 (r.), 66, 67, 69, 70, 72, Umschlag-Vorderseite.

Weitere: Seite 22: Sammlung T. und J. Kohler. Seite 24 u., 39, 41 l., 42, 43, 71 und 93: Sammlung Reinhold Lutz. Seite 68: Sammlung M. und C. Imark. Seiten 45–50, Seite 52: Margot Lehmann. Seiten 130–141: Daniel Gaberell

Im Kulturbuchverlag Herausgeber.ch ist unter anderem erschienen:

132 Seiten, 22 x 22 cm
ca. 120 Farbbilder
Pappband, Fadenheftung
ISBN 978-3-905939-02-6
Fr. 28.-

Kloster Mariastein | Eine Lücke ist endlich geschlossen: Das Kloster Mariastein hat sein eigenes Buch. Der lang gehegte Wunsch des Abts mündet in einem Bild- und Textband, welcher verschiedene Blicke hinter die dicken Klostermauern ermöglicht. 100 Farbbilder: 20 Jahre war der Fotograf Harry Bruno Greis Mönch, Pater, Diakon und Organist im Kloster Einsiedeln, bevor er 2009 – im Alter von 66 Jahren – aus dem Benediktinerkloster austrat, um sich fortan voll und ganz der Fotografie und dem Filmen zu widmen. Seine eindrücklichen Bilder in diesem Buch zeugen von grossem klösterlichem Wissen, Nähe und Feingefühl für die Mönche und Respekt gegenüber dem Klosterbetrieb.

Mit Textbeiträgen von Abt Peter von Sury, Kardinal Kurt Koch, Irina Bossart, Klaus Fischer, Daniel Gaberell, Giuseppe Gerster, Sibylle Hardegger, Martin Mecker, Pater Bruno Stephan Scherer, Pater Lukas Schenker, Urs Walter und Mariano Tschuor.

Erhältlich im Buchhandel, beim Kloster Mariastein oder direkt beim Verlag.

Kulturbuchverlag Herausgeber.ch
Optingenstrasse 54 - 3013 Bern (Schweiz)
Tel. 031 340 23 33 - Fax 031 340 23 24
www.herausgeber.ch